ゴルフ

GOLF

当たる！飛ばせる！スイング解剖図鑑

イラストでわかる「クラブの動き」のつくり方

ツアープロコーチ
奥嶋誠昭
Tomoaki Okushima

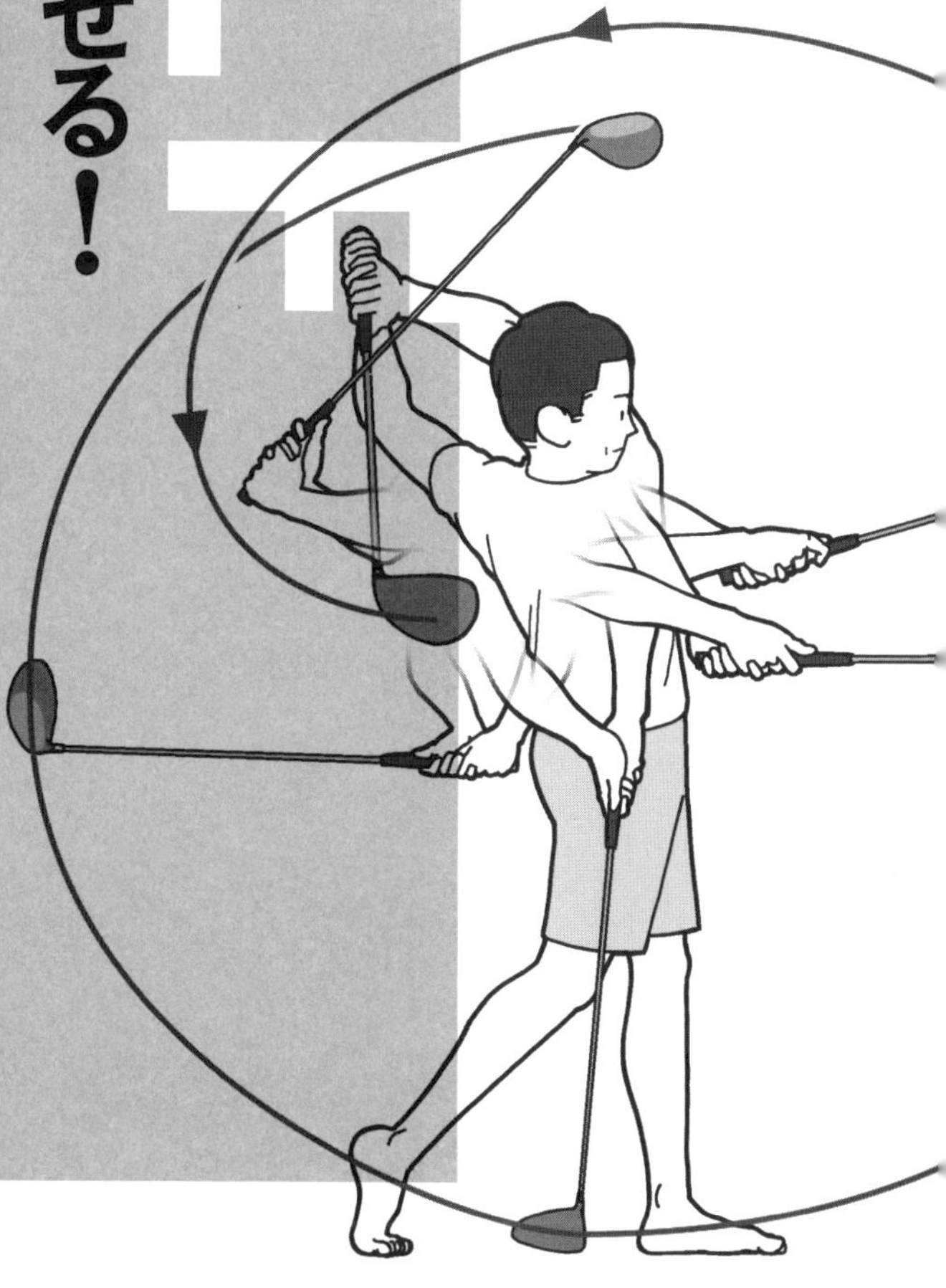

日本文芸社

はじめに

ゴルフコーチの奥嶋誠昭です。神奈川県横浜市の「ノビテック・ゴルフスタジオ」では、モーションキャプチャーシステムＧＥＡＲＳや弾道測定器フライトスコープ、足圧計測システム、シャフト負荷測定システムＳＬＡＰなどを用いて、クラブと体の実際の動きをデータ化し、皆さんに合ったスイングづくりをテーマにレッスンをしています。

今回、『スイング解剖図鑑』という書籍制作のお話をいただき、ギアーズなどのデータを用いて、世界のトッププロたちが実際に体をどう動かしているのかを説明させていただこうと考えました。

スイングという運動の目的は、ボールを狙ったところへ飛ばすことです。そのために現代のプロたちがどのようにクラブを動かしているのかをチャプター1で、そしてどのように体を動かしているのかを、チャプター2からチャプター9まで、関節ごとに説明しました。とくに、これまでスイング動作のセオリー的に使われてきた「こう動かせ」という言葉と実際の動きは、

同じなのか違うのか。実際の動きとは違う意識を持つからこそ、「その動きになる」こともあることを紹介しています。

ここまでのチャプターで、動きの説明のために使ったのは、ギアーズが提供しているPGAツアープロの実際のスイングにおける体各部の動きの量や角度についてのデータです。

チャプター10では、コースでのプレーの中で狙い通りうまく体を動かすために、どのようにしていけばいいのか、といった観点で話を進めています。コースでの特定の状況でプロや上級者がどのような方法で対処しているのか、感覚的にはどうなのか。一般アマチュアの皆さんに、うまくプレーしていただくために考えてほしいことについて、ともにレッスン活動をしている大原健陽が紹介しました。

それでは、解剖したスイングの実像についての探求をお楽しみください。

奥嶋誠昭

CONTENTS

CHAPTER 3

手首の動き

CHAPTER 4

ヒジの動き

CHAPTER 5

肩関節の動き

CHAPTER 6

体幹の動き

CHAPTER 7

股関節の動き

CHAPTER 8

ヒザの動き

CHAPTER 9

足首の動き

CHAPTER 10

飛距離と精度を上げる考え方

CHAPTER 1

クラブの動き

1 クラブの動きを知っておこう

クラブの動きの理想はオンプレーンスイング

ゴルフスイングというのは、クラブを使ってゴルフボールを目標に向かって飛ばすための動きです。

ボールへの当て方で、打球の飛び方が決まりますから、当てるための動かし方を考えればいいわけです。

「どう当てるか」の答えは、ゴルフクラブの形が教えてくれています。

ゴルフクラブの打面はシャフトに対して曲がってついています。この曲がっている角度（ライ角）どおりに当てることがカギ。そうすることによって、ボールに当てる面（フェース面）が目標を向くなどクラブを設計通りに使うことができ、狙った通りに打ち出しやすくなります。

ライ角通りに当てるために一番わかりやすいのが、構えたときのクラブの傾きに沿って面（プレーン）があると想定し、その上でヘッドを動かすイメージです。このプレーンはシャフトのラインに沿っているのでシャフトプレーンと呼ばれます。

ただし、実際のフルスイングでは、シャフトプレーンよりも上にクラブを上げていかなければなりません。シャフトプレーンから、クラブはいったん外れるのです。が、どこまで上げていくかという上限の目安があります。それが、構えたときのボールの位置を基点に肩へ向かうライン。その範囲で動かせば、ダウンスイングで再びシャフトプレーンに戻せて、ライ角通りにインパクトしやすくなります。これがオンプレーンスイングと呼ばれる理想のクラブの動きです。

問題は、その「クラブの動き」をどうつくるか。それは、実は無限にパターンがあって、「これです」という理想型はありません。人それぞれ、骨格の個性や動きのクセに合わせて自分で見つけるしかありません。

本書では、各関節ごとの動きとしてあり得る動きのパターンを説明していきます。その動きを試してみて、先に説明した「理想のクラブの動き」をつくれる方法を見つけていってください。そのためにも、まずは、クラブの理想の動きの全体像を頭に入れることが大切です。

クラブをライ角通りに構えたときのシャフトの傾きに沿った平面がシャフトプレーン。インパクトゾーンでクラブヘッドはこの面の上を動くのが理想

●ライ角

クラブヘッドを地面に対してセットしたときのシャフトの角度。この角度を基にしてスイングプレーンを考える

2 クラブの動きを10コマで覚える

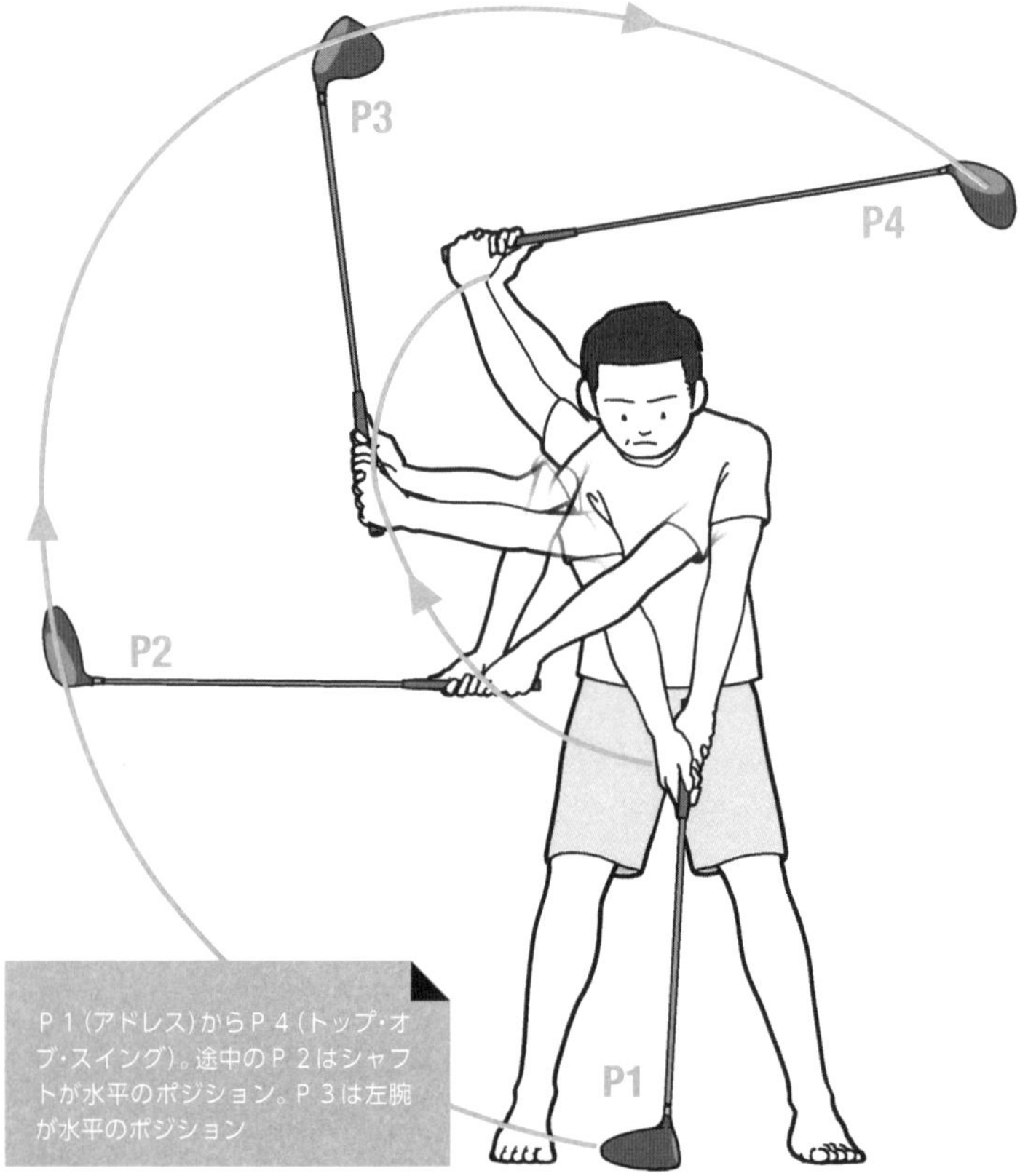

P１（アドレス）からP４（トップ・オブ・スイング）。途中のP２はシャフトが水平のポジション。P３は左腕が水平のポジション

Pシステムでスイングを頭にインプットしよう

スイングの動きを説明する際に、誤解をなくすために、現在世界中で使われているPシステムを使います。Pシステムは、アドレスからフィニッシュまで、目で見えている形を元に、10枚の連続写真のように、P１からP10までの10コマを定義したものです。

P1は、アドレス。まだ動き出していない形です。P2はバックスイングで、シャフトが地面と水平になったタイミング。P3は左腕が水平になったタイミングです。

そしてP4がトップ・オブ・スイング。クラブが最大限回った瞬間で

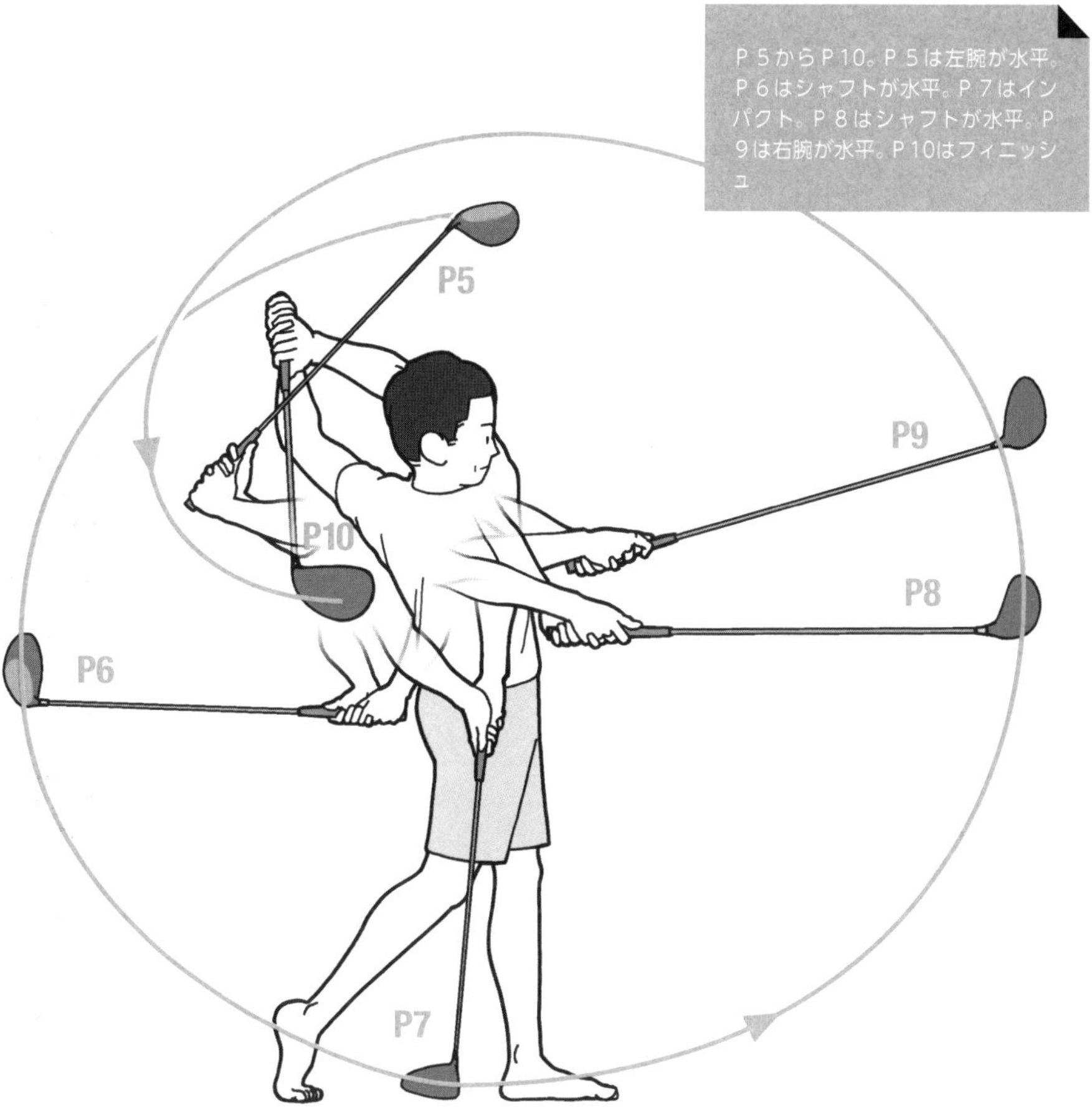

Ｐ５からＰ10。Ｐ５は左腕が水平。Ｐ６はシャフトが水平。Ｐ７はインパクト。Ｐ８はシャフトが水平。Ｐ９は右腕が水平。Ｐ10はフィニッシュ

す。ここから先は逆回しで、Ｐ５が左腕が水平。Ｐ６はシャフトが水平。Ｐ７がインパクトです。

さらにＰ８はフォロースルー側でシャフトが水平。Ｐ９は右腕が水平。そしてフィニッシュのＰ10となります。

それぞれ正面から見たときのクラブの状態を説明しておきましょう。

アイアンのスイングでは、Ｐ１でヘッドよりもグリップ側が少し目標方向にあります。クラブは垂直ではなく、前向きに傾いているのです。これをハンドファーストと言います。

Ｐ２はシャフトが水平、Ｐ３はほぼ垂直に立ちます。Ｐ４ではクラブがほぼ水平になるのが目安ですが、そこまで回っていかない人も多くいます。ダウンスイングではＰ５もまだヘッドが高い状態で、Ｐ６は水平。そしてＰ７でハンドファーストの状態でインパクトします。

3 クラブの動きを複数の視点で理解する

ヘッドの軌道。動き始めはシャフトプレーン上を動き、上昇していく。ダウンスイングでは、上がってきた軌道よりも少し低い位置で下り、インパクトゾーンでシャフトプレーンにほぼ乗ってくる

飛球線後方から見るとヘッドは曲面上を動く

クラブの動きを飛球線後方からも見ておきましょう。

シャフトのラインで上がっていくとP2でクラブが地面と平行になると同時に、飛球線（ボールを目標を結ぶライン）にも平行になります。

それと同時にもうひとつ重要なことは、P2でリーディングエッジが前傾角度と平行になることです。これは、軌道に対してフェースの向きがP1からずっとスクエアのままだったということです。

P3からP4に向かうあいだにヘッドは一番高いところに上がり、そこから腕がさらに上がっていくのに

対し、ヘッドは下降してP4に達します。P3でグリップエンドが自分から一番遠い位置にきていることもひとつの着目ポイントです。

ダウンスイングでは、クラブヘッドは、上がってきた面より少し低い位置、つまりインサイドを通ります。これは体がダウンスイングの動きを先行し、クラブが後から下りてくるためのラグ（遅れ）の結果です。

しかし、P6でクラブヘッドはほぼシャフトプレーンに乗ります。しかもフェースはボールを向く、つまりP2と同じで前傾角度と平行になっていることが重要です。

そしてそのままP8で、再びシャフトが地面と平行、かつ飛球線と平行で、フェースが前傾角度と平行になります。

P6でフェースの向きが軌道に対してスクエア。P8でも同じ。これができていれば、途中にあったP7でもスクエアだったということになります。

4 クラブの動きを頭上からも把握しておこう

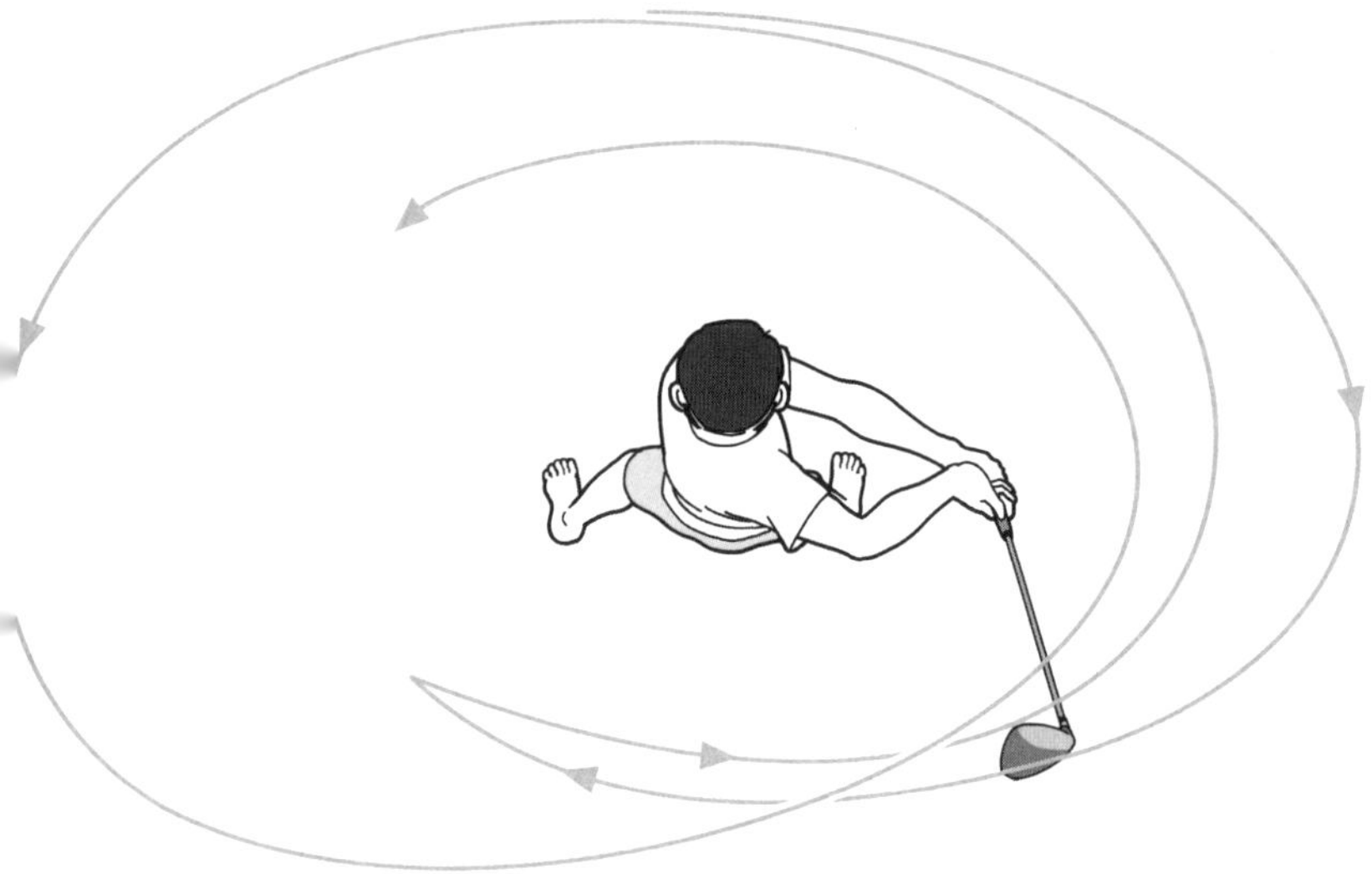

ヘッドの軌道。ダウンスイングでヘッドは、バックスイングで上がってきた軌道より内側を通る。だが「来た道を戻る」とイメージしたほうがいい動きになる人が多い

上から見るとヘッドは少し内から下りてくる

上から見たクラブの動きも頭に入れておくと、その動きをつくりやすくなるかもしれません。

ドライバーではP1でヘッドのほうがグリップエンドより少し左にセットされます。アイアンの場合は、ヘッドのほうがグリップエンドより少しだけ右になります。この違いは、ボールの位置の違いに合わせてヘッドを置く位置を変えているためです。ヘッドの位置は違いますが、グリップの位置、つまり手の位置は同じになると考えてください。

P2からP3で注目すべきは、手が体から遠いところを動き、スイン

手の軌道。切り返し後のＰ５までの動きは、いったん自分から離れていく。一直線にボールへ向かう人が多いので注意したい。「来た道を戻る」というイメージがやはり有効

グアーク（円弧のサイズ）を大きくしていることでしょう。

　P3からP4、P4からP5の動き、つまりバックスイングの最後とダウンスイングの最初について、ヘッドはダウンスイングで少しだけ内側の軌道を戻ってきています。しかし、イメージとしては「同じ軌道を戻していく」つもりで動くことが実は大切です。この意識がないと、ヘッドが理想のスイングプレーンから外れやすく、多くは上から（アウトサイド・イン）、あるいは下から（インサイド・アウト）の軌道でダウンスイングすることになり、インパクトが安定しなくなってしまいます。

　適正な軌道を戻すことができれば、P7でクラブが内側（インサイド）からボールの位置を通過し、フォロースルー側で大きな円を描くことになります。

クラブと体の動きの＋α

プラス　アルファ

データという事実からスイングを把握する

スイングの動きを事実に即して説明するため、本書では、スイング測定器GEARS(ギアーズ)のデータを活用しました。GEARSはカメラを８台使用し、1スイング当たり600枚以上の画像を解析するモーションキャプチャ計測システムで、スイングに関する重要な実測値を提供してくれます。

とくに、本書で説明のよりどころとしたのは、GEARSがPGAツアーのトップ50人のプロから2018年に採取したデータの平均値です。世界のトッププロたちですから、飛距離的にも正確性の面でも群を抜いた結果につながっている動きの実態を表していると考えていいでしょう。

ただし現代的で理想と考えられるスイングをするプロばかりではなく、「古いタイプ」や「個性的なタイプ」も含まれたデータからの平均値であることは考慮すべきだと思います。

各項目の測定値については、Ｐ１からＰ10までを表にして巻末に掲載していますので、各項目の説明の補足としてご参照ください。

CHAPTER 2

指の動き

1 体でつくった力をヘッドに伝える

部位
左小指側3本

機能
クラブを固定する

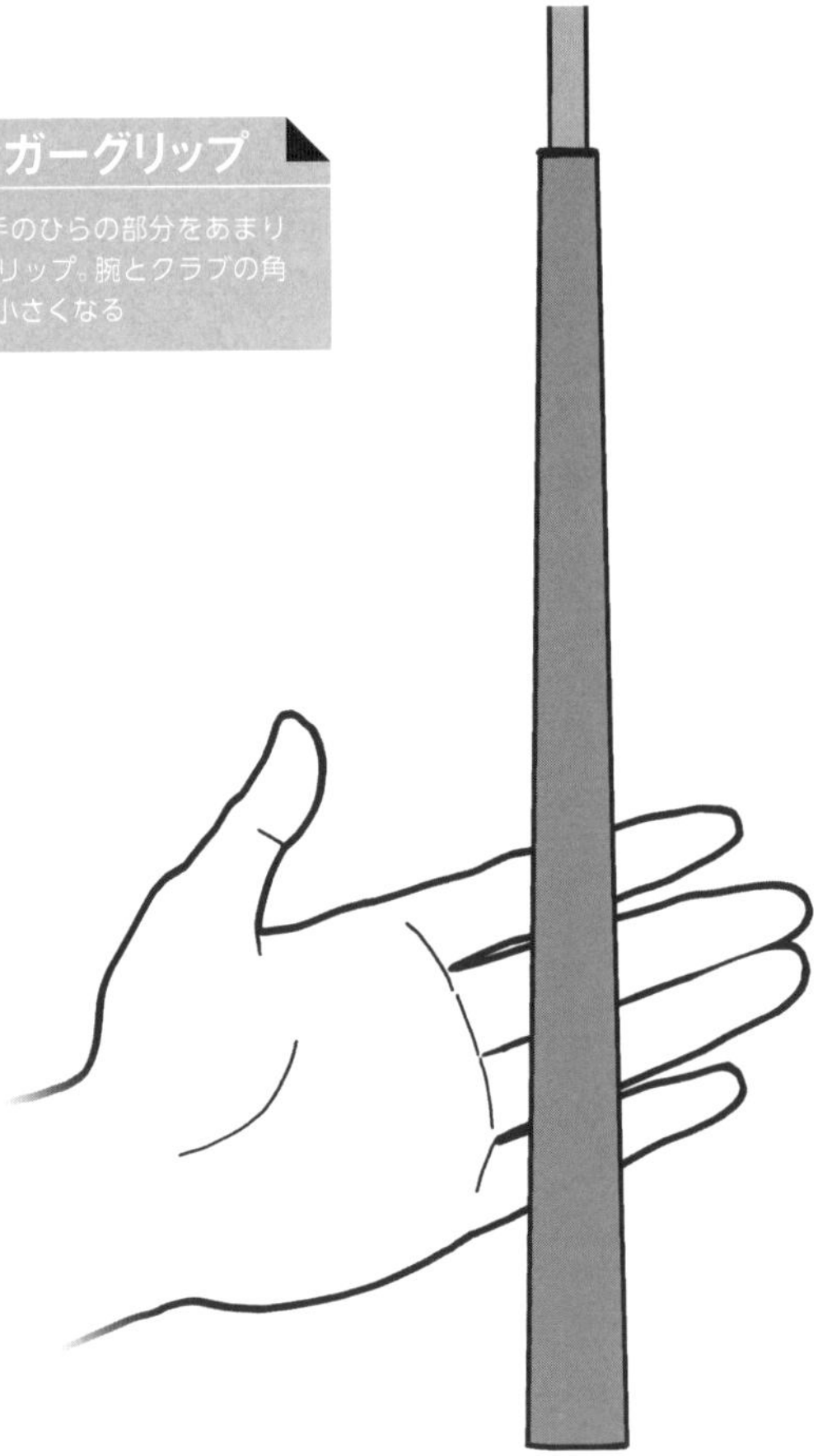

■フィンガーグリップ

指で握り、手のひらの部分をあまり使わないグリップ。腕とクラブの角度は比較的小さくなる

力を入れても問題が出ない握り方を探す

クラブの動きがわかったところで、それをどうつくっていくのか。ここからは、クラブに近い部分から関節ごとに、動き方や動く部分についてPGAツアープロの平均データを参考にしながら説明していきます。

クラブと体の接点となっているのが、手です。接点という意味で、手の役割の第一は、クラブの動きが乱れないように、しっかりと支えることとなります。その役割を主に果たしているのが、左手の小指、薬指、中指です。

この3本指の指先（いわゆる腹と言われる部分）と手のひら（指の付

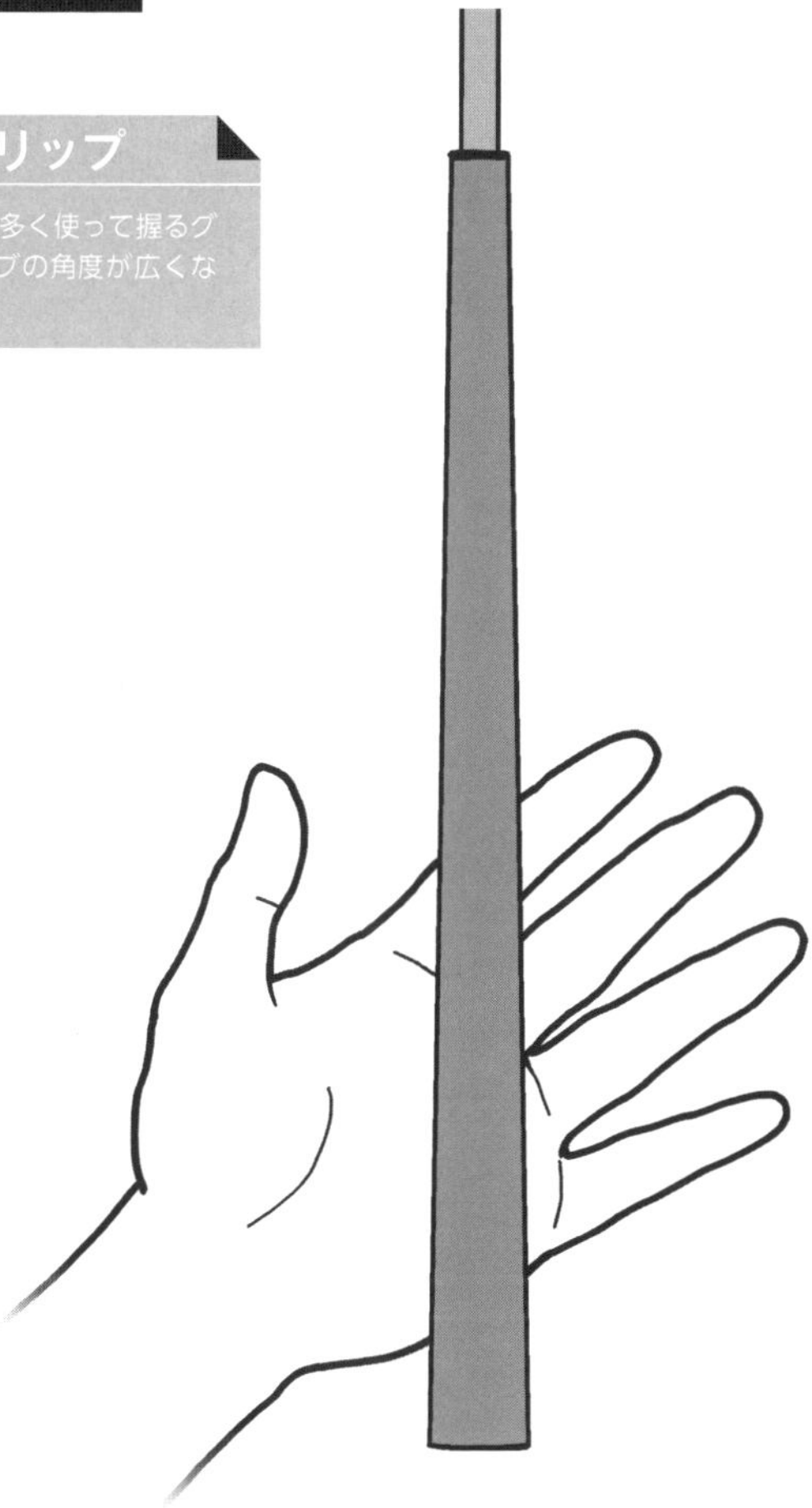

■パームグリップ

手のひらの部分を多く使って握るグリップ。腕とクラブの角度が広くなる傾向がある

け根）でグリップをはさんで固定します。手のひらをどの程度使うかは、人によって違います。

手のひらの部分をほとんど使わないのがフィンガーグリップと呼ばれるスタイル。

手のひらの部分を多めに使うのはパームグリップと呼ばれるスタイルになります。

指だけで固定するのは力が弱くて頼りないと感じるかもしれませんが、グリップエンドのテーパー（口径の広がり）を利用すると、それほど力は必要ではなくなります。

どちらの持ち方でも、力が入ったときに指や手のひらを巻き込んでしまうと、フェースの向きが変わります。力を抜いて使うつもりでも、自然に力が入ることがあります。そうした場合に、フェースの向きに問題が出ない握り方や使い方を探す必要があると言えます。

2 クラブとの接点の安定を親指、人差し指で補助する

接点がゆるまないように親指を上から添える

左手親指と人差し指は、クラブを固定している小指側3本の役割を補助します。フィンガーグリップなら親指は腹をグリップの上から添えるショートサムになり、パームグリップだと付け根からグリップに添えるロングサムになります。

親指の置き方は、グリップの真上を基準にして左右に少しズレた位置でも大丈夫です。しっくりくる位置を探してください。親指でフェースの向きを感じながら振っている人もいます。左手の親指でなくてもいいのですが、どこかで向きを確認できるようにしておくことは大切です。

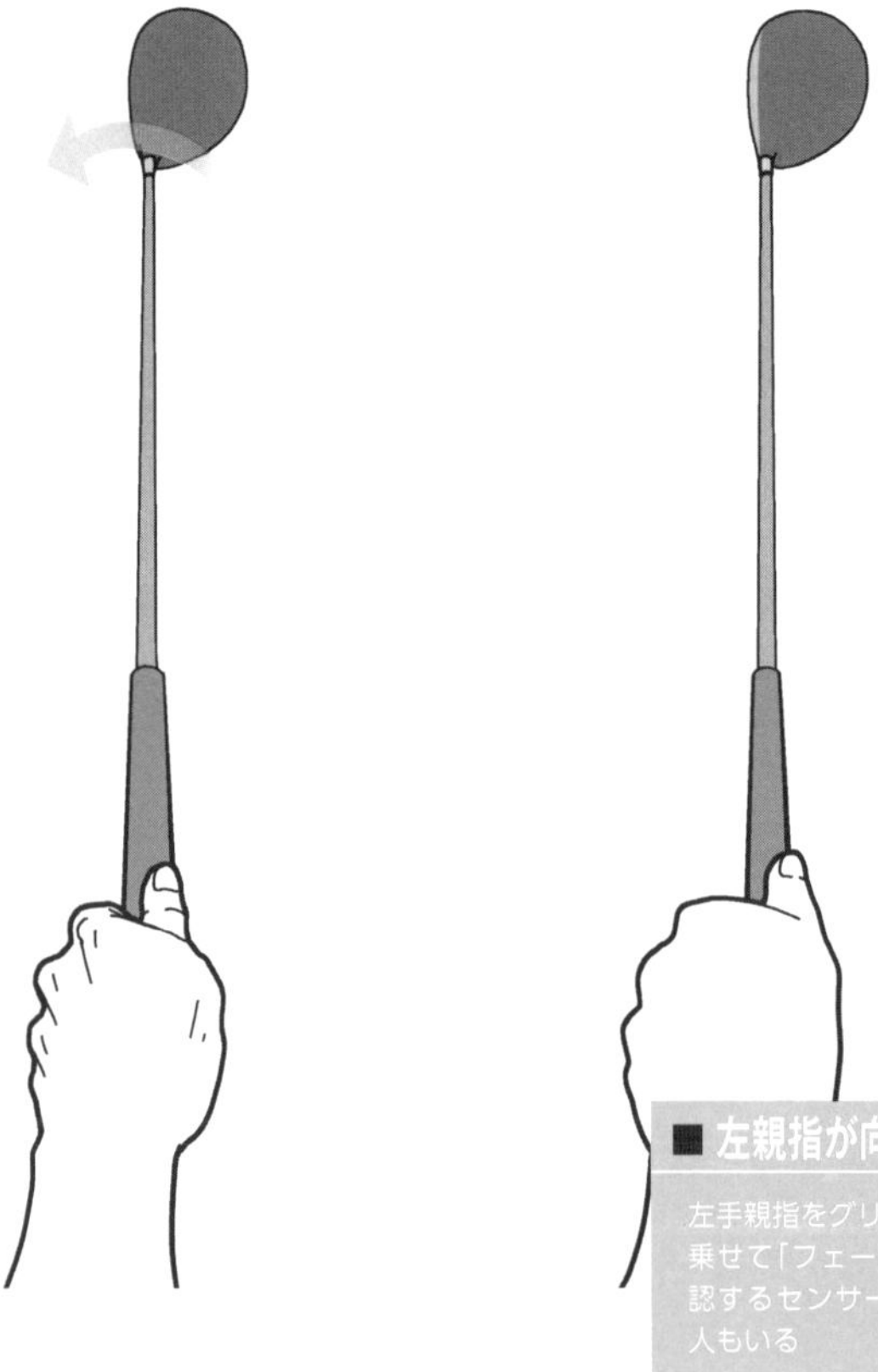

■ 左親指が向きの基準

左手親指をグリップの真上に乗せて「フェースの向きを確認するセンサー」として使う人もいる

部位

左手親指、人差し指

機能

クラブの固定を補助する

3

2点で支えてクラブと腕の角度を保つ

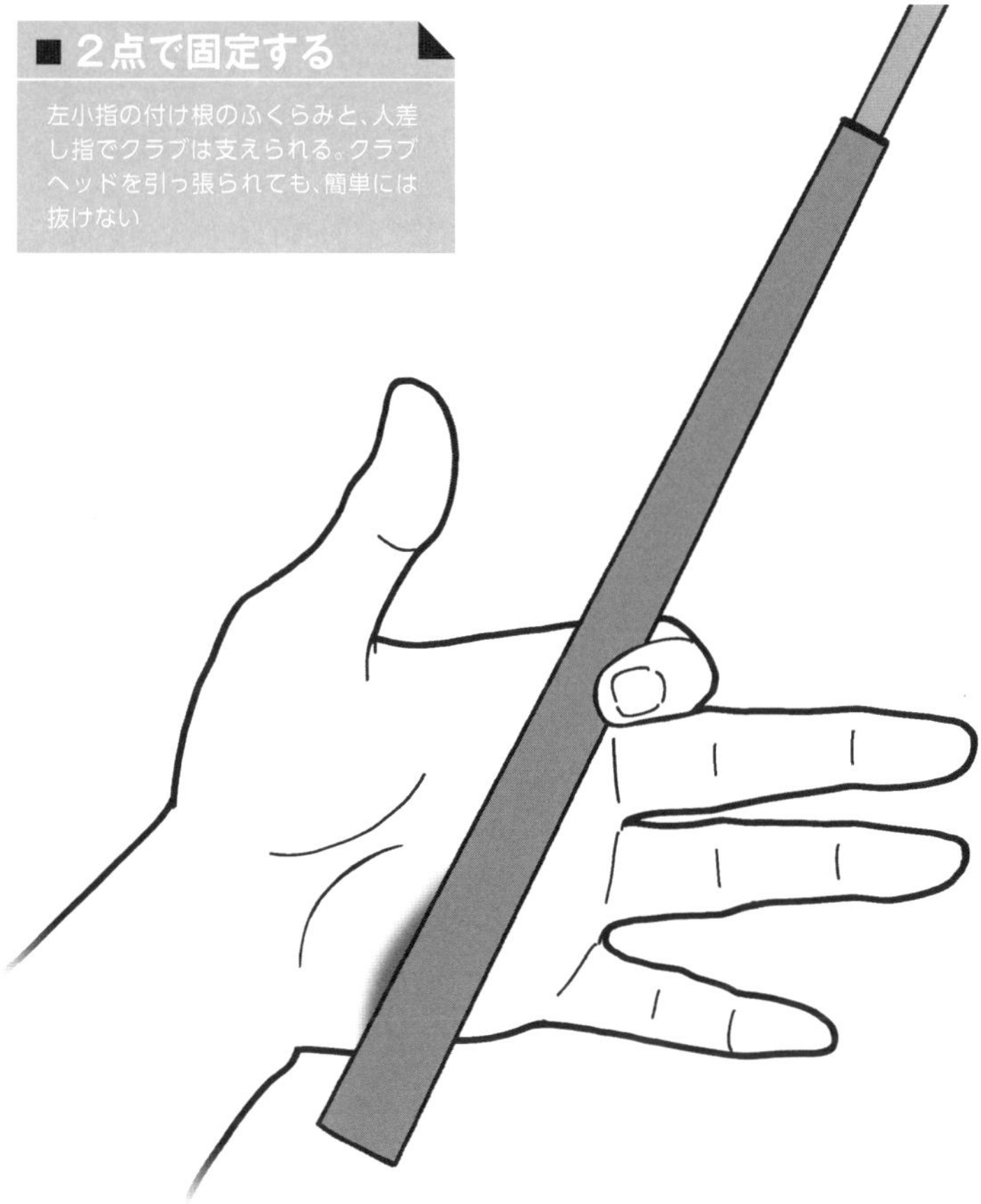

■ 2点で固定する

左小指の付け根のふくらみと、人差し指でクラブは支えられる。クラブヘッドを引っ張られても、簡単には抜けない

部位
左手のひら

機能
グリップを固定する

左の2点だけでクラブは固定できる

手のひらの小指側の肉厚になっている部分をグリップの上側に、上からあてがいます。一方で、人差し指はグリップの下側で引っかけておく。そうすると、その2点でクラブの重さを支えられます。

ヘッド側からクラブを引っ張られても、手から抜けたりしなくなります。

この仕掛けをうまく使ってグリップをすると、力を入れなくても、クラブに働く遠心力に対抗し、クラブと腕の角度（手首の角度）をキープして振れるわけです。つまり、ライ角通りにクラブを使えるのです。

4 右親指と人差し指のV字でクラブを支える

部位
右親指と人差し指

機能
クラブの重さを受け止める

親指と人差し指の間を締めておく

P4でクラブはバックスイングからダウンスイングへと動きの方向を変えるわけですが、その際、クラブの重さが体にのしかかってきます。その受け止め方が悪いと、クラブの動きが安定しなくなります。

そのため、昔から右親指と人差し指の間のV字をぴっちり締めて、その部分でクラブの重さを受け止めて、ダウンスイングを始めるものと説明されてきています。左手の親指と、右手のこのV字部分で受け止めます。

なぜV字をつくるかというと、重さを指で受け止めたくないから。指で受け止めると、その反応として指が動いてしまうからです。右利きの人の右手人差し指は繊細な感覚を持っており、脳で意識していなくても自然にいろいろと反応して動いてしまいます。それが、クラブの動きを乱してしまうのを防ぐ必要があるのです。

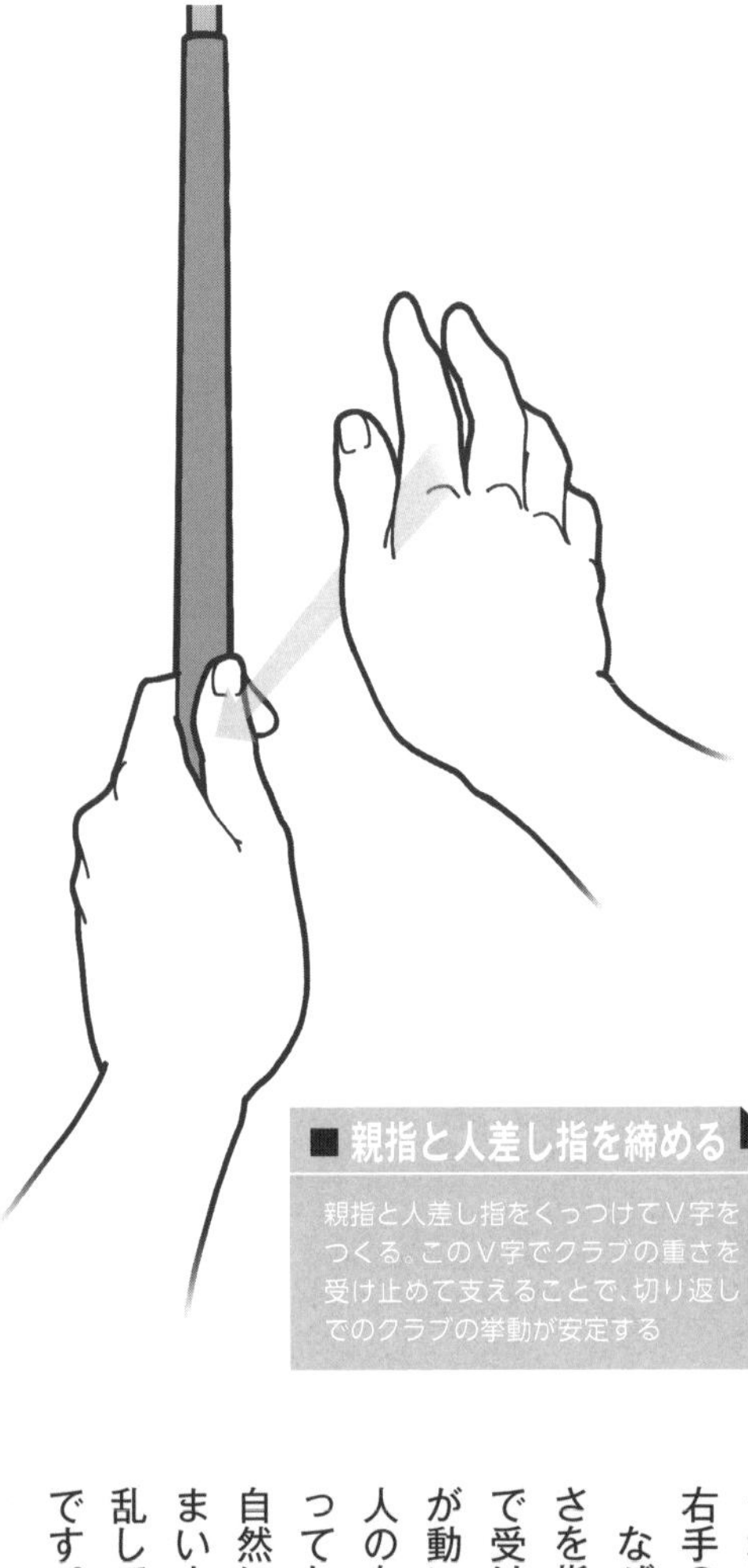

■ 親指と人差し指を締める

親指と人差し指をくっつけてV字をつくる。このV字でクラブの重さを受け止めて支えることで、切り返しでのクラブの挙動が安定する

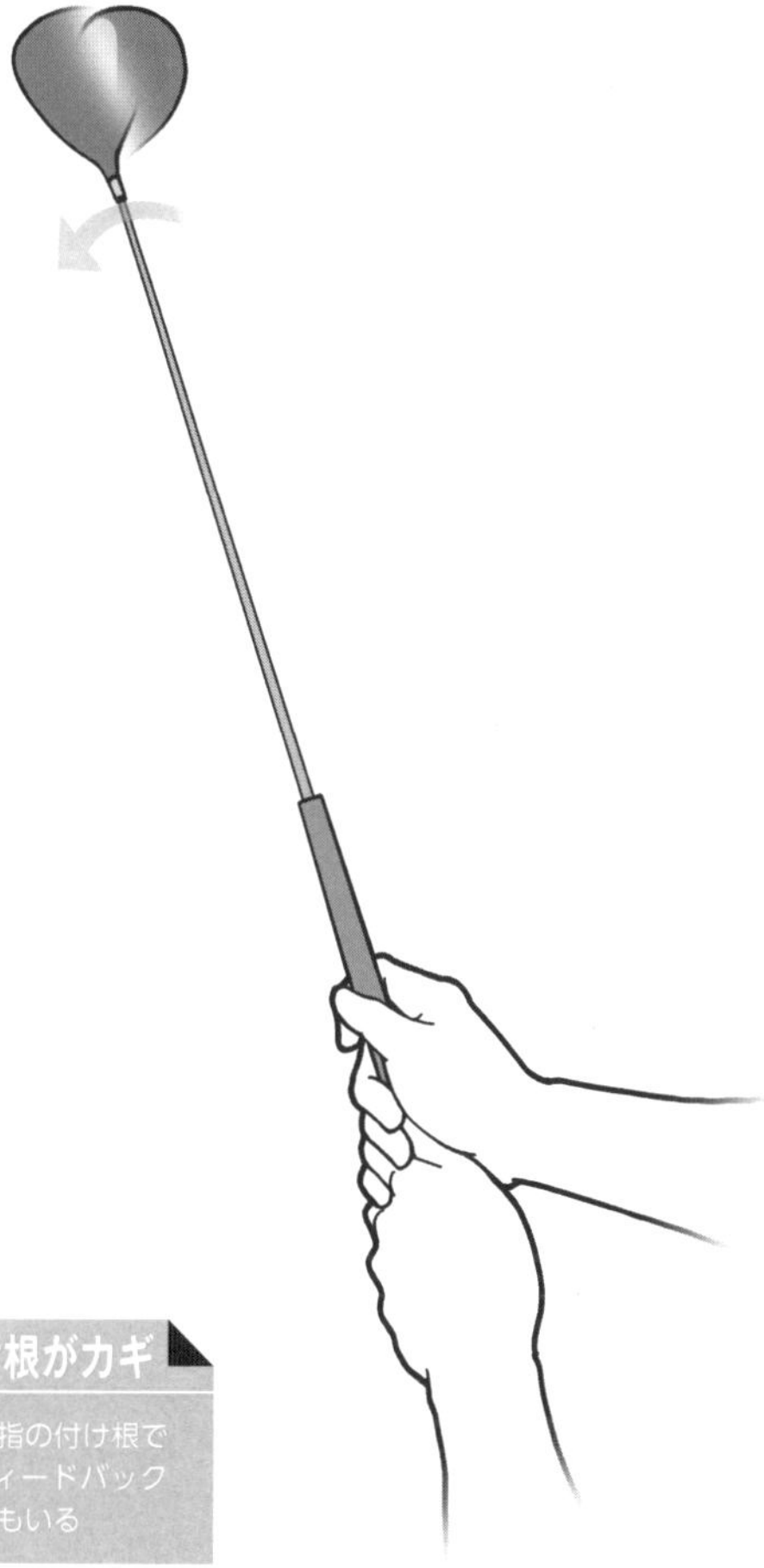

■ 人差し指の付け根がカギ

クラブの動きを人差し指の付け根で感じ、クラブからのフィードバックを得ながら操作する人もいる

人差し指の敏感さを活かす方法

V字を締めて人差し指が自由に動かないようにしておくということは、この指はまったく使わないのかというと、そうでもありません。この指を動かすわけではありませんが、動かさなくても果たせる役割があります。先ほど、左手の親指でフェースの向きを感じるセンサー役を果たしている人がいると説明しましたが、右人差し指のグリップに触れている部分をセンサー役にすることもできるのです。

ほかに、右手のひらの向きや、左手の甲で感じている人もいます。手に限らず、腕やヒジ、体幹の使い方や頭の位置で感じている人もいます。どこでもいいので、フェースの向きを感じるセンサーをつくり、その感覚を磨いておくことをお勧めします。

5 右手と左手をひとつにまとめる

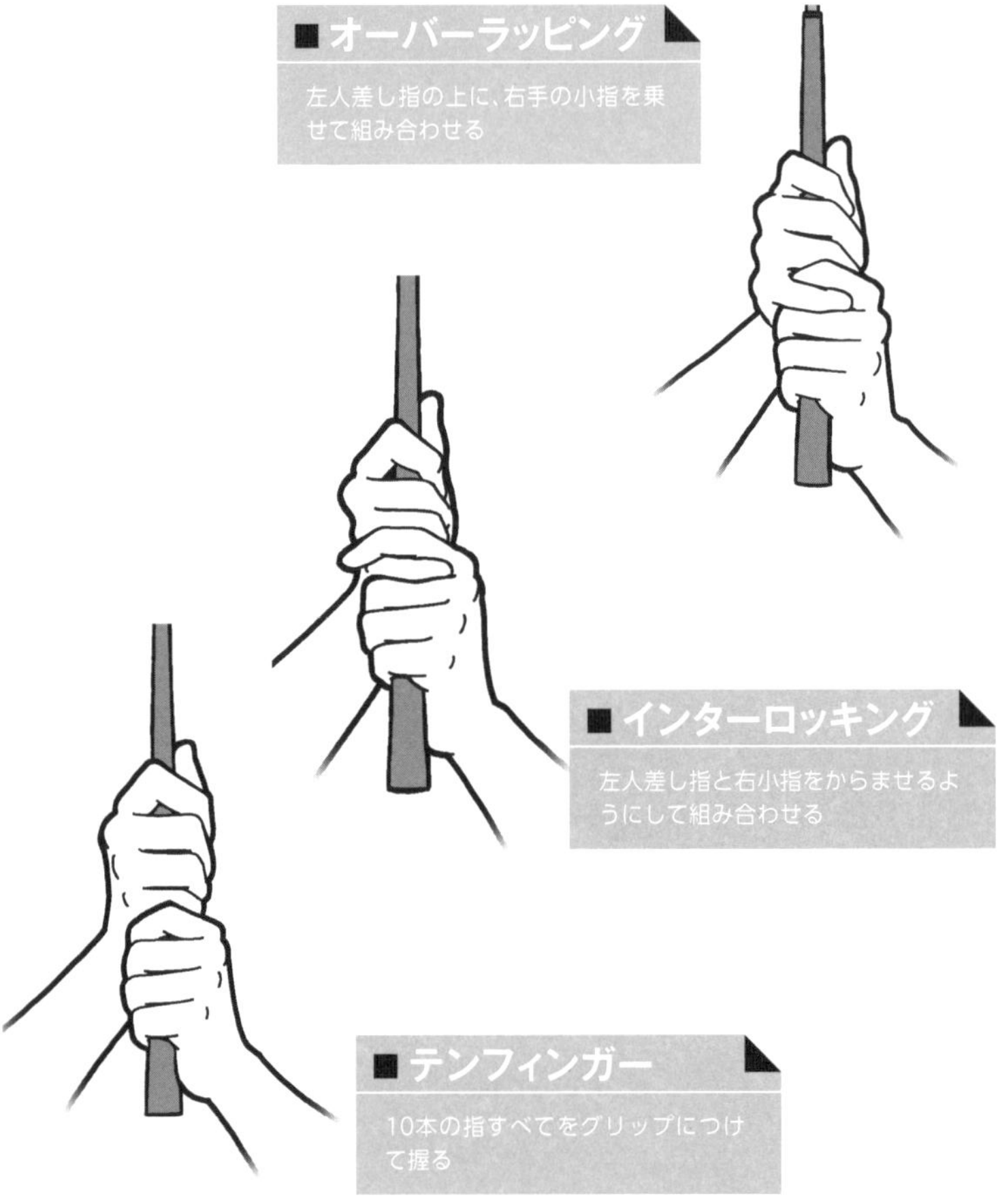

左人差し指の上に、右手の小指を乗せて組み合わせる

左人差し指と右小指をからませるようにして組み合わせる
■テンフィンガー
10本の指すべてをグリップにつけて握る

部位
右小指側3本

機能
左手と組み合わせる

クラブがズレたりしない自分の握り方をつくる

右手の小指、薬指、中指は、左手との一体感をつくる役割を果たしています。オーバーラッピング、インターロッキング、ベースボールなどの組み合わせ方がありますが、それぞれ試してみて、自分がやりやすいと感じるもの、手の中でクラブが回ったりせず、しっかり固定できる握り方を見つけてください。

できるかぎり両手のまとまり方を、コンパクトにするといいと思います。グリップ部分がクラブの動きの支点となるので、小さくまとまっているほうが、クラブがスムーズに動いてくれるからです。

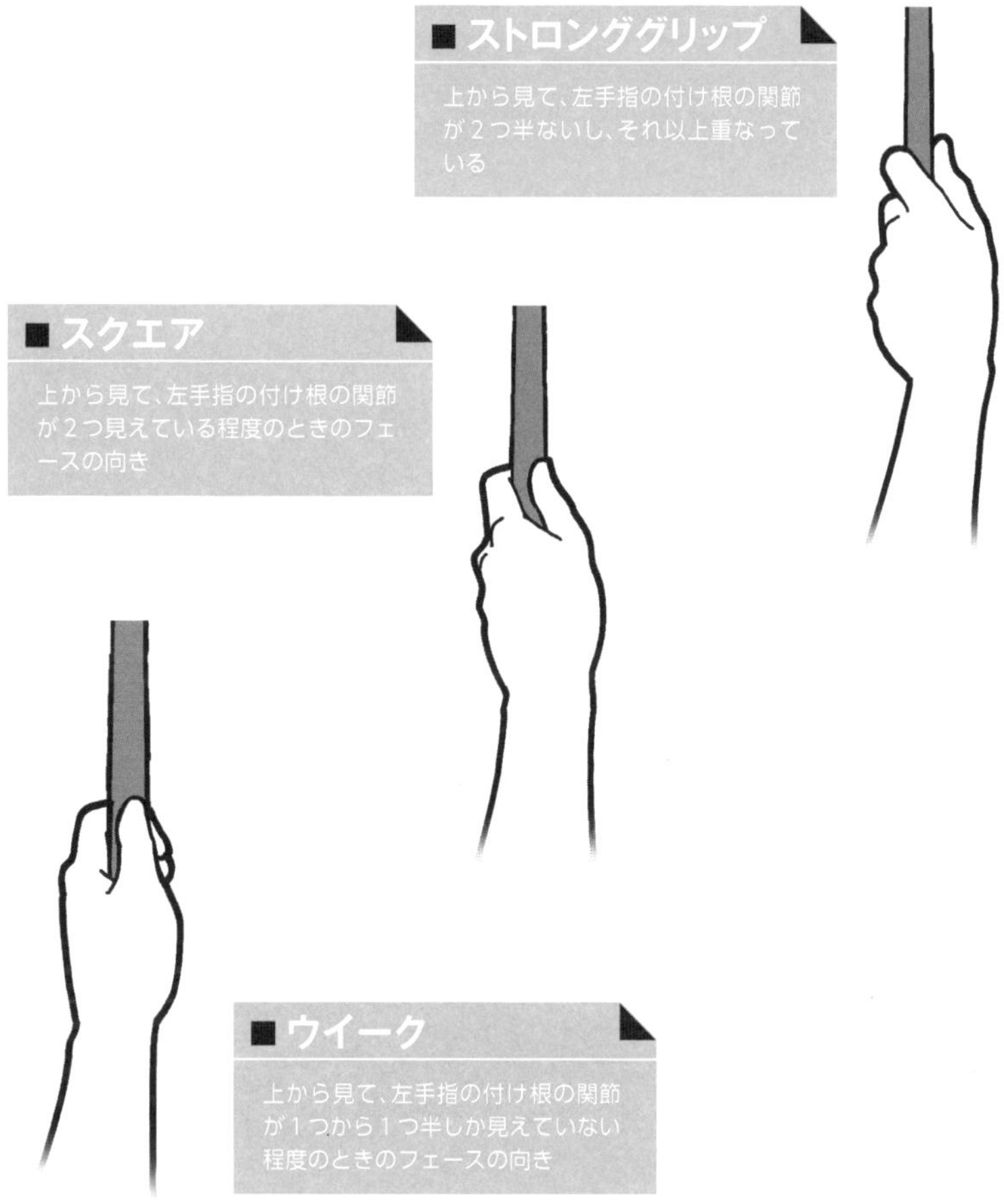

■ストロンググリップ
上から見て、左手指の付け根の関節が２つ半ないし、それ以上重なっている
■スクエア
上から見て、左手指の付け根の関節が２つ見えている程度のときのフェースの向き
■ウイーク
上から見て、左手指の付け根の関節が１つから１つ半しか見えていない程度のときのフェースの向き

部位　両手

機能　向きの完成

自分の握り方を見つけ いつも同じように握る

グリップについては、スクエアグリップを基準として、それよりも左手を上からかぶせる状態にした（ストロング（フック）グリップと、逆にねじったウイークグリップがタイプとしては存在します。

左右の手は「どちらも同じ向きにする」という決まりはなく、左右が違う向きでも組み合わせは可能です。どのような向きでもいいので、やりやすかったり、結果が良くなる向きを探してください。

最も大切なことは、毎回同じ向きでグリップをつくること。それができればこそ微調整も可能になります。

指の動きの＋α

プラス　アルファ

グリップ プレッシャーは 一定

P１（アドレス）からP10（フィニッシュ）まで、グリッププレッシャーはずっと一定に保つことがセオリーとされています。実際に測定してみると、必ずしも一定に保たれているわけではなく、インパクトでは力が入っていることがわかっています。

しかしそれでも、意識としては「どこかでゆるんだり、どこかで力を込めたりすることはない」という感覚が勧められてきたわけです。確かに、途中で急激に力を入れてしまうより、意識としては「一定に保つ」ことで大きなミスは防げるようにもなるでしょう。

「グリップはゆるゆる」という理論もありますが、それもあくまで感覚を表現しているに過ぎないと思います。いくら遠心力が働いても、支えていなければ当たり負けします。

CHAPTER 3

手首の動き

1 手首が動く方向は握る向きで変わる

部位
左手首、右手首

機能
手首はタテとヨコに折れる

手首は折れるが回したりはしない

手首の関節は、手のひら側・手の甲側に折る動きと、親指側・小指側に折る動きができます。

ゴルフスイングの説明としては、手のひら・手の甲方向の動きをヒンジ（ヒンジング）、親指・小指方向の動きをコック（コッキング）という言葉が使われます。

ヒンジはヨコの動き（フリスビーを投げる動き、ビンタをする動き）であり、これを主体にスイングをつくるとバックスイングはインサイドになり、かなりフラットな軌道で振ることになります。

コックはタテの動き（金づちを打ちつけるときの動き）で、こちらを主体にするとバックスイングはアウトサイドに上がりやすく、アップライトな軌道のスイングがつくれます。

オンプレーンのスイングを目指すならば、これらヨコの動きとタテの動きをうまく組み合わせて、プレーンに乗ってヘッドが動くようにしていくことになります。

「自分のグリップ」をつくることをチャプター2で説明しましたが、つくったグリップの左右の手の向きに応じて、タテの要素が強くなるかヨコの要素が強くなるかが変わってきます。

ヒンジの動きをする限り、フェースの向きは変わらないと説明されています。実際、軌道に対しての向きは変わらなくなります。

右手首を甲側に折った場合（左で説明すると手のひら側）フェースの向きは同じでもロフトが立つ状態になります。「掌屈《しょうくつ》（左手首としては、手のひら側に折ること）」させてダウンスイングをすると、ハンドファーストの形でインパクトでき、ロフトを立てて当てるので距離を出しやすくなります。

逆に、右手首を手のひら側に折る（左手首としては、手の甲側に折る＝背屈《はいくつ》）とロフトが寝た状態になります。

掌屈、背屈とも、フェースの向きを変えずにロフトを立てたり寝かせたりできるわけです。

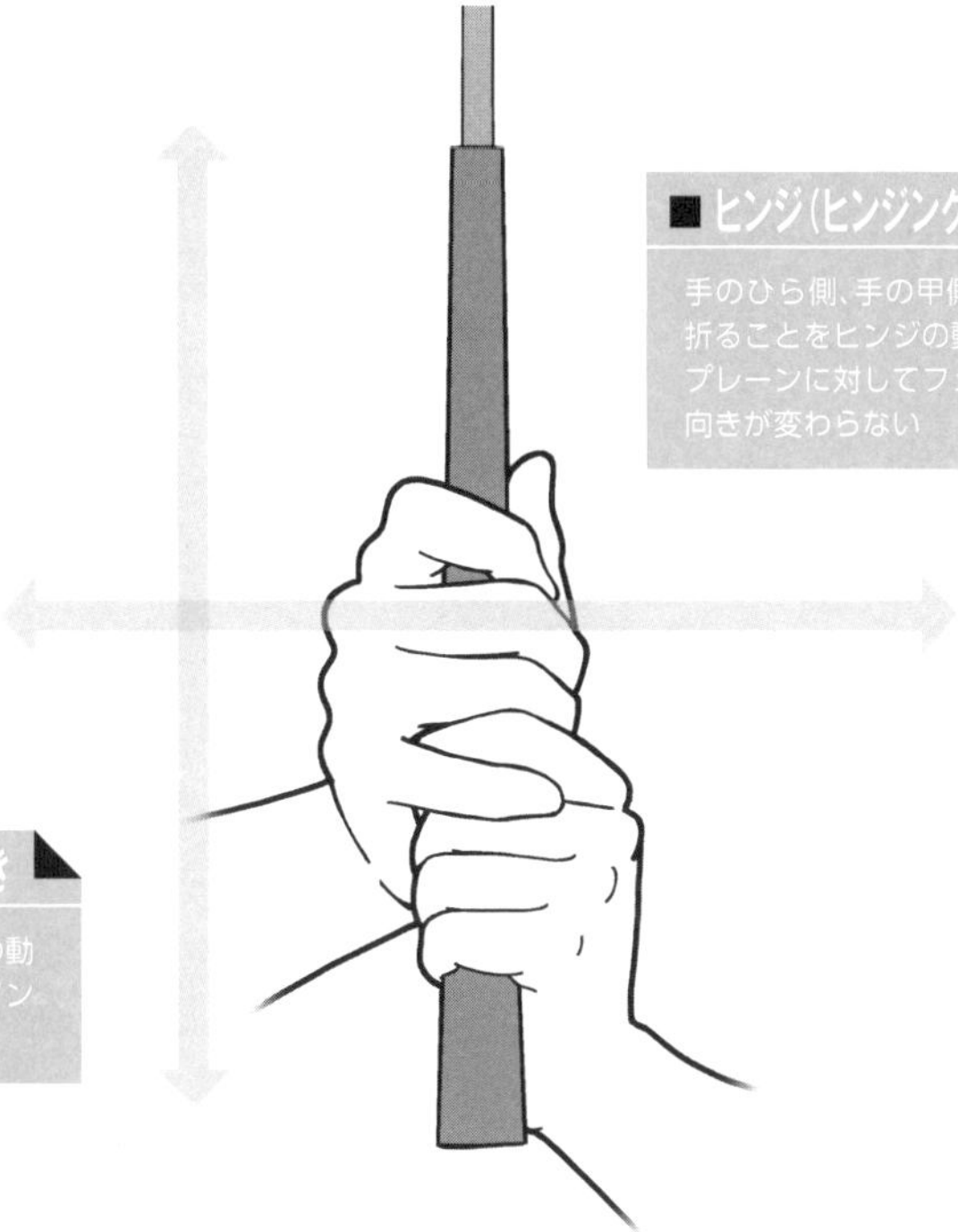

■ヒンジ(ヒンジング)の動き

手のひら側、手の甲側に手首を折ることをヒンジの動きという。プレーンに対してフェース面の向きが変わらない

■コック(コッキング)の動き

親指方向に折るのがコックの動き。小指方向に折る動きをアンコックということもある

■コックとヒンジの組み合わせ

コックの動き、ヒンジの動きを組み合わせないと、理想のスイングプレーンでクラブを動かせない。グリップを握る向きによってコックとヒンジの度合いは違ってくる

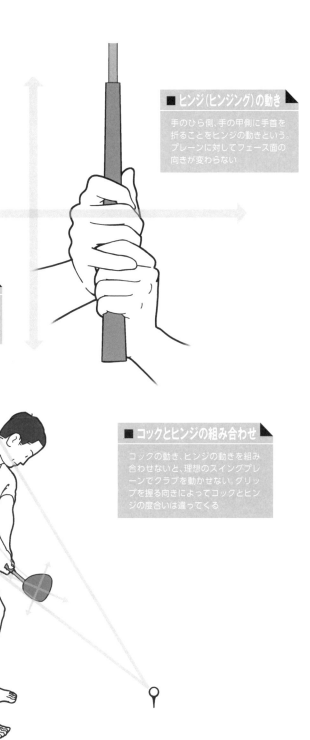

2 右手とクラブの角度はインパクト＝アドレス

部位
左手首、右手首

機能
クラブをライ角通りに使う

「タメる」意識が必要な人もいる

　親指方向に手首を折る動き、つまりコッキングの動きがスイング中、どう変わっていくのが理想なのかを説明しましょう。

　ライ角通りにセットしているならば、インパクトでアドレスのときの位置や角度にクラブを戻すのが理想です。そのためには、手首のコッキングの角度をアドレスのときと同じに戻すことが究極の理想となります。もちろん、この角度が変わっても、ほかの要素を調整することで意図どおりに打っている人もいます。

　ちなみにアドレスのときの腕とクラブの角度はドライバーで、ＰＧＡツアーの平均が１３４度です。

　「ノーコック打法」という打ち方が流行した時期もありましたが、クラブに働く遠心力は、手首の力が耐えられる程度の大きさではないので、コッキングの動きがまったく入らないということはあり得ません。でも、「動かさない」つもりで振ることで、インパクトで元に戻しやすくなる効果が出た人もいたということです。

　実際にはヘッドの重さでコッキングの動きは自然に生じます。早めに動かすパターンを「アーリーコック」、遅めに動かすパターンを「レイトコック」と言いますが、どちらのパターンでもＰ４で腕とクラブの角度は90度くらいになります。そのあと、下半身がダウンスイングを始めることでこの角度はさらに多少深まり、そのあとで戻り始めます。

　Ｐ６で、プロの平均が１２０度と、かなりインパクトの状態に近づいています。コッキングした状態をキープする、いわゆる「タメ」をつくって一気に戻して叩くイメージがあるかもしれませんが、プロでもＰ６で半分以上戻っているのが実際の姿なのです。そしてＰ７で元に戻ります。

　実際には、クラブヘッドには大きな遠心力が働くため、手首の角度は伸ばされようとしています。それに対抗するのは、ある程度「この角度をキープする」という意識とそれによって自然に発揮される力、そしてこれをキープしやすくした握り方の工夫による力なのです。

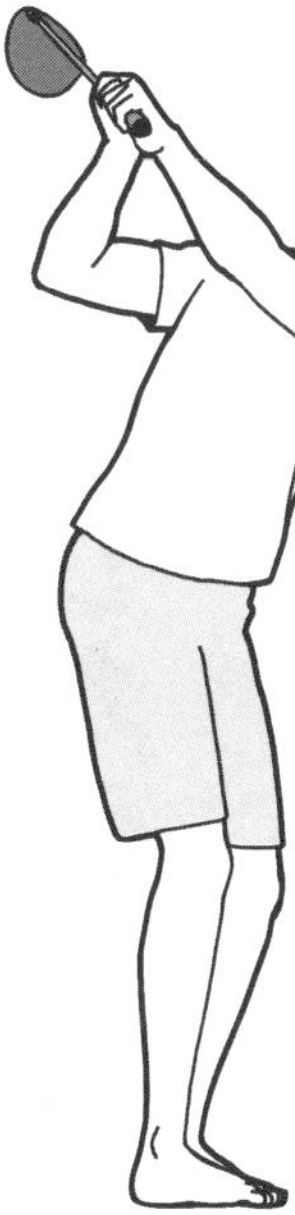

■ P4で90度

ヘッドの重さによって手首が親指方向に折れる。トップでほぼ90度くらいになるのが目安

■ P7で140度

インパクトではアドレスのときの140度に戻る。それがライ角通りに使うカギだからだ

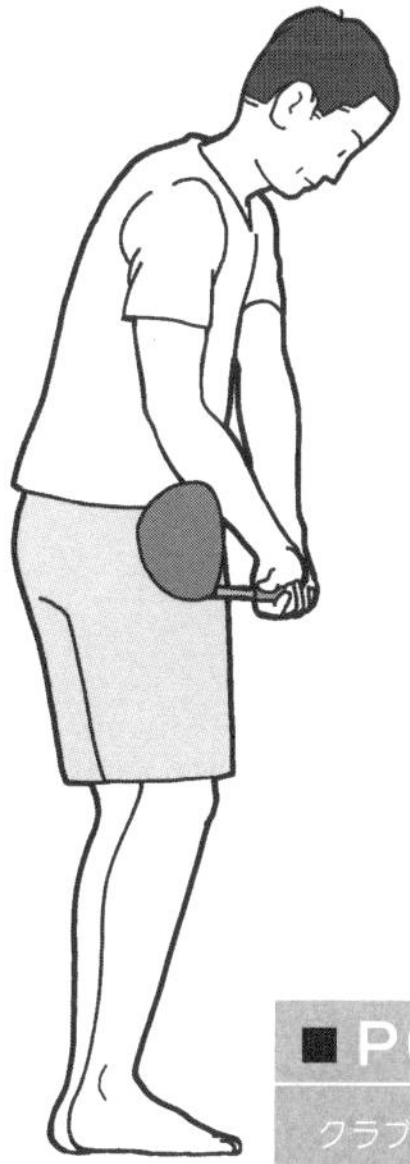

■ P6で120度

クラブが水平まで下りてきたときに、手首の角度は120度まで広がっている

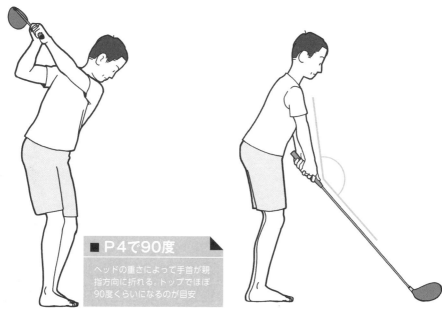

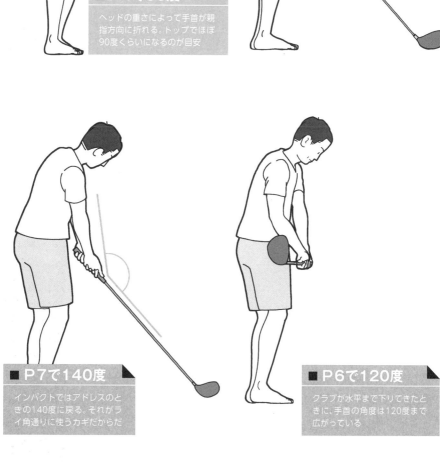

3 右手首の角度を残した状態で打つ

部位
右手首

機能
ボールを押し込む

重さでヘッドは落ちてくる

では、ヒンジングの動きについてはどうでしょう。これもやはり、コッキングの動きと同じように動いていきます。つまり、バックスイングで折れていき、トップから切り返しの動きの中で最大に折れ曲がってから、戻っていきます。

この動きについては、インパクトでアドレスのときの状態に戻ればいいとも言えますが、一般的にはアドレスのときよりも手首の角度がついたハンドファーストの形でインパクトするのが理想とされます。

いずれにしても、最大に右手首の角度がついた切り返し後の状態から、ダウンスイングではどんどん角度がほどかれていきます。

そして、インパクトは右手首がある程度曲がった状態で迎えているのです。この形をつくれば、曲がっているものを伸ばすときの力で、ボールを押し込む感覚が持てます。

多くのゴルファーにとってなかなか身につかないのが、この「ハンドファーストの形でのインパクト」です。その理由として最近わかったことを紹介しておきます。

シャフトにかかる負荷を測定したデータがヒントをくれました。スイング中に、シャフトにかかる負荷は、タテにかかっているフェーズとヨコにかかっているフェーズが明確に分かれるということがわかったのです。

うまいプレーヤーに共通してみられるのは、インパクトの0・1秒前、ポジションで言えばP6の少し後くらいまではタテに負荷がかかっていて、それがその0・1秒前に一気にヨコの負荷に切り替わります。

シャフトの負荷がタテにかかるだけという認識で振っているかぎり、ヨコの動きをつくることはできません。そのため、タテに手首がほどかれる（コックがほどかれる）際、ヨコの角度もほどかれてしまうのです（ヒンジがほどかれる）。だからハンドファーストのインパクトになりません。このフェーズの切り替えをスイングイメージの中に組み込むことが、手首の理想の動きを身につける助けになると考えられます。

■ 角度を残した状態で当たる

手首の角度は切り返し直後に最も深まり、ダウンスイングでほどかれていく。その過程で、まだ完全にほどかれる前の「角度を残した」状態でインパクトを迎える。角度を残しているからこそインパクトに力を加えられる

4 ヘッドを遅らせたまま体を動かし続ける

部位
右手首

機能
ヘッドと体の時間差

ダウンスイングはクラブを引き続ける

　多くのゴルファーにとって、タテ・ヨコどちらにおいても、手首の角度が早くほどけてしまうことが上達への大きなカベになっています。早くほどけるのは、ダウンスイングの早い段階で力を出してしまう意識の仕方も原因です。インパクトで力が最大になるような力の出し方を考えてみてください。インパクトで「押す」イメージを持つことでも、右手首の角度を残してインパクトできるようになっていきます。

　手首の角度は、「ラグ」と表現されることもあります。ラグの元々の意味は「（時間の）差」であり、ヘッドが体に対して遅れていることを表しています。

　ヘッドより先に体が動き始めれば、ヘッドはあとからスタートします。そして、遅れた状態からどこかで体を追い抜いていきます。その「追いつく」タイミングがインパクトより早いのが、手首がほどけた状態。インパクトよりもあとにするとハンドファーストのインパクトになります。

　そのためには、ヘッドの遅れを自分の力で取り戻そうとするのではなく、ヘッドを遅らせたまま体を動かし続けることが必要です。クラブについてはグリップエンドをグリップエンドの延長方向へ引っ張り続ける感覚になります。

グリップエンド方向に引っ張り続けるということは、手が動くに従って刻々と引く方向が変わるということになります。P6でクラブが水平になるとそれ以降は、手は上へ動き、ヘッドは下へ動いていくことになるということにも注意してみてください。P6の位置で手は「手の軌道」の最下点に達しているということ、手の最下点とヘッドの最下点は、到達するタイミングが違うわけです。

　クラブを引っ張り続けても、重力で下方向に落ちますし、遠心力でヘッドは体から離れようとします。それらの動きによって手首の角度は必ずほどけていきます。多くの場合、自分で戻そうとしなくても、ちょうどいい具合に戻ってきてインパクトを迎えることになります。

■グリップエンドの延長方向に引く

手が通るのは円に近い軌道。その円に接する線(接線)の方向にクラブを引っ張るイメージになる

5 「手首100＋体0」から「体100＋手首0」まで

部位
両手首

機能
クラブを動かす

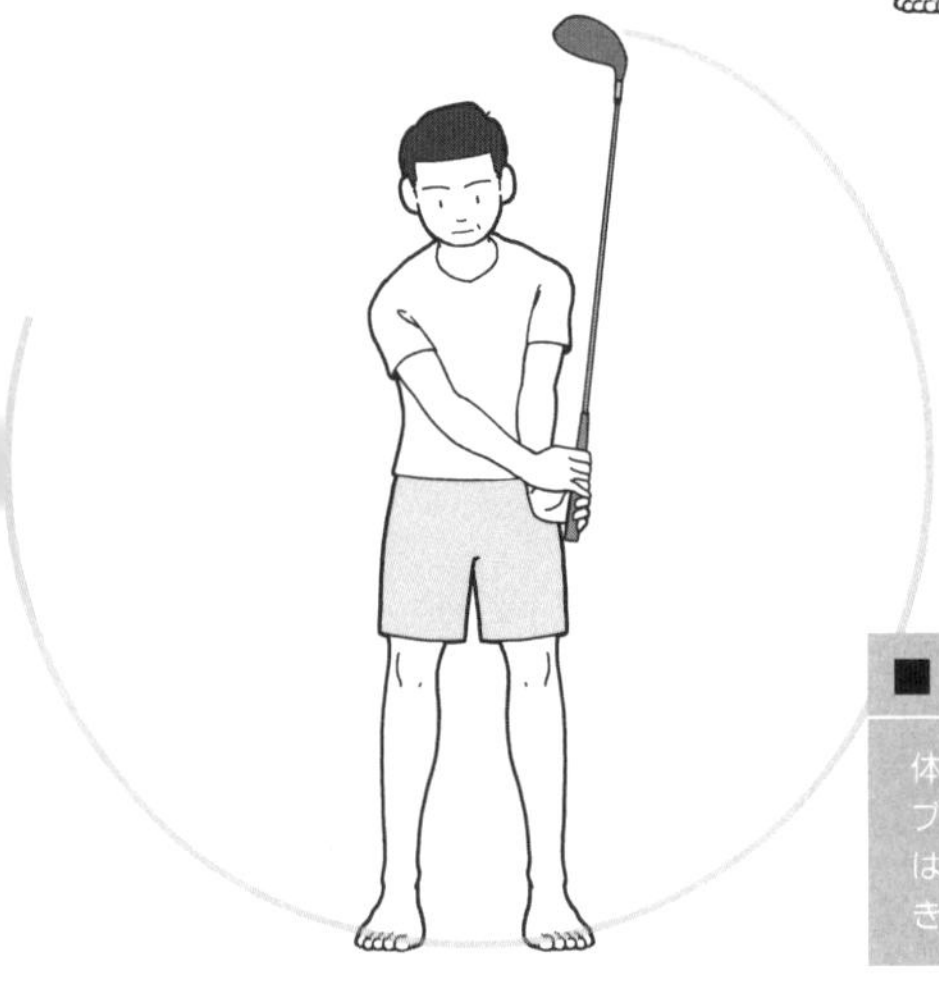

■「手首100 対 体0」

体を一切動かさず、手首だけでクラブの動きをつくる。これでもボールは真っすぐ飛ばせる。この動きもできていて損はない

無限の組み合わせから自分のパターンを選ぶ

仮に、体を止めて、手の位置を固定し、手首の動きだけでヘッドがスイングプレーン上を動くように、振ってみましょう。グリップする向きが決まっているならば、プレーン上を動かすための手首の動かし方は、一通りしかありません。

次に、ヒジの曲げ伸ばしを使って手を動かし、ヘッドを動かしてみます。手首の動きをなくすこともできるし、手首の動きでさらにヘッドの動く量を増やすこともできます。

次に肩を回し、その次は腰も回し、股関節、ヒザ、足首……と使う部分を増やしていってみましょう。

■「手首0対 体100」

手首を一切使わず、その他の部分を動かして、オンプレーンスイングをつくる。これでもボールは真っすぐ飛ばせる。しかし、自分最高飛距離はもっと先にある

手首についてはごく小さい動きでヘッドをプレーンに乗せておける動かし方もあるはずです。

いうならば「手首100対体0」から「手首0対体100」という組み合わせまで無限のパターンがあり得ることになります。

そのなかで自分にとって一番再現性の確率が高くなるのはどのパターンなのか。それを探すのが、スイングづくりだと思います。

無限にパターンがあるわけですから、探すのもとても手間のかかる作業になります。多くの人は、様々なパターンを探したりせず、マイナーチェンジだけで「自分のスイング」を見つけようとしていますが……。

まずは実際に両極端を試してみてほしいのです。答えはその間のどこかにあります。それをこの本ではいろいろと説明していきます。「試す作業」の範囲を広げてみていただければと思います。

手首の動きの＋《プラス》α《アルファ》

手首は回らない

手首を回す、という表現がありますが、手首は構造的に、タテかヨコに折れる関節であり、円運動は限定的とされています。つまりタテかヨコに折れる動きを組み合わせて、回すことは可能ですが、スムーズな動きにはなかなかなりません。

ゴルフスイングにおいて「手首を返す」という表現は、手首を回しているようなイメージがあるかもしれませんが、手首の動きではないことは理解しておくべきでしょう。

手首ではなく、両腕がねじれて、フェースのローテーションをつくっている。それが実態です。

CHAPTER 4

ヒジの動き

1 クラブの動きに合わせて ヒジは自然に使われる

部位
左ヒジ

機能
腕をムチのように使う

左ヒジは自然に伸びた状態を保つ

ヒジができることは、伸ばして曲げる1方向の動きだけです。

左ヒジから見てみましょう。

Ｐ1では「リキまず、ゆとりのある状態」でセットします。ヒジの角度はＰＧＡのプロの平均で6度。ちなみに右ヒジも同じ角度です。

左ヒジについては、スイングを通してこの状態を保つイメージで。つまり、曲げたり伸ばしたりする意識は持たず、クラブの重さに任せます。

プロのスイングを見るとトップで左ヒジが伸びているように見えますが、ＰＧＡプロ平均データで18度。ゆとりを持った状態を保っています。

ダウンスイングでは、Ｐ5で15度といったん広がりますが、Ｐ6では一転して24度に曲がります。これは遠心力に対抗するための反応でしょう。そして、その後再び伸ばされますが、Ｐ7で15度。伸びきった状態ではないのです。

インパクトで左腕を伸ばそうとする人が多いのですが、もちろん伸びているプロもいますけれど、伸ばしていない人も多いのです。曲がっていても決して間違いではないので、それでうまく打てている人は伸ばそうとしなくていいことを理解してください。

ＰＧＡプロのデータでもうひとつ、Ｐ8で8度、さらにＰ9でも3度と伸びた状態のまま、左ヒジをたたんでいない点も指摘しておきます。

■ 左腕をムチのように使う

左ヒジは伸ばそうとも曲げようともしないで、クラブの重さに任せて使う。それによってムチのようにしなり、エネルギーを生み出す

■手の位置は胸の前

両腕でつくる三角形の頂点である手の位置は、ヒジが曲がると左右にズレる。しかし、三角形の底辺である胸の正面から外れないほうがいい

両腕の三角形とスイングアークの大きさ

アドレスのときに「両腕（と両肩を結ぶライン）でできる三角形」があります。この形を変えないように振る、という教え方があります。

しかし、バックスイングでは右ヒジを、フォロースルーでは左ヒジを曲げなければ、クラブはある程度以上、上がっていきません。ヒジを曲げれば、当然この三角形は崩れてしまいます。

どうなっていればいいかというと、三角形のイメージを持てる程度に形をとどめていればいい、という感覚です。三角形と思えないほどつぶれてしまうようでは、ダウンスイングの再現性において問題が出ます。目安としては、この三角形の頂点である手の位置が胸の前から外れない範囲にとどめるといいでしょう。

2 切り返しで負荷がかかってきても右ヒジは90度以上つぶれない

部位
右ヒジ

機能
インパクトで押す

トップで右ヒジは90度が目安となる

右ヒジについても、感覚としては左ヒジと同じでいいと思います。つまり、クラブの動きによって曲げられてトップに至り、ダウンスイングでは伸ばされていく。自分で意図して曲げる角度を決めたり、伸ばしきろうとしなくてもいいのです。

例えば、P4での角度。右ヒジの曲がり具合は、90度とするのが理想とされますが、そうではない人もたくさんいます。オンプレーンスイングをしようとすれば、確かに90度にとどめるほうが、ダウンスイングの再現性は高くなるとは思います。

なおかつ、右ヒジが真下を指しているほうがプレーンにヘッドを乗せやすいと思います。右ヒジが背中側の地面を指すようだと、シャフトクロス（トップでシャフトが飛球線を横切って、ヘッドがターゲットの右を指す状態）になり、ヘッドをプレーンに戻すのに苦労します。しかし、シャフトクロスのトップから安定したフェードを打つ人もたくさんいますから、一概に矯正すべきとも言えません。

逆に、90度より広い角度でトップをつくっている人も少なくありません。トップでのヘッドの位置が浅くなりますが、そのほうが下ろしやすいと感じる人もいるのです。

要は切り返しのタイミングを取りやすく、ダウンスイングが下ろしやすくなる自分なりのトップの形を探せばいいのです。

参考のため、PGAプロの平均データを見てみましょう。P4で96度と、「目安」の90度よりやや広い状態にとどめられています。

そしてP5で99度となります。下半身でダウンスイングをスタートすると、上半身や腕に負荷がかかるため、右手首は角度が深まりました。同じように右ヒジにも負荷がかかるはずですが、P4からP5で微妙ではありますが角度が広がっているということは、この負荷に対抗する力が出されているわけです。そうすることによって、クラブが上がってきた軌道と同じところをなぞるように戻せると思います。

■上がってきた空間をなぞってクラブを下ろす

トップでグリップエンドを、目標と反対方向に押し込むように力をかけると、クラブが上がってきた空間をなぞるように戻して下ろせる。と同時に、切り返し前後での右ヒジの使い方がよくなりやすい

3 目標方向にボールを投げる感覚で右腕を使う

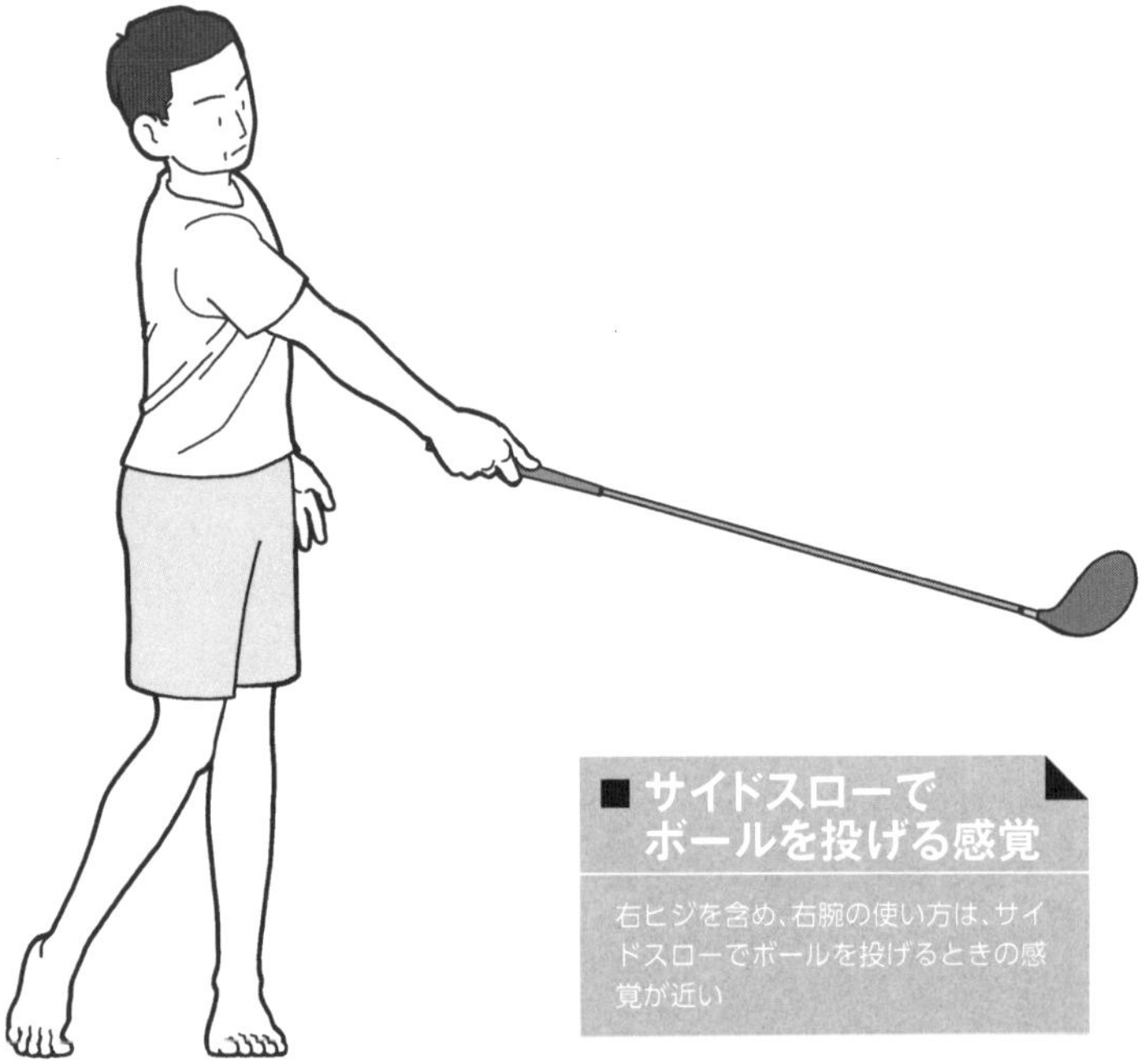

■ サイドスローでボールを投げる感覚

右ヒジを含め、右腕の使い方は、サイドスローでボールを投げるときの感覚が近い

部位
右ヒジ

機能
投げるように使う

右ヒジの使い方はものを投げるときと同じ

ダウンスイングでの右ヒジの使い方は、野球で言えばサイドスロー（横手投げ）でボールを投げるときとかなり近い感覚になります。

要は、手先が先に動くのではなく、ヒジから動いて、手先はあとからついていく状態になります。

P5からP6にかけては、右ヒジが体の前側に入ってきているほうが、ラグをつくった状態のまま、インパクトに向かいやすくなります。そして、インパクトポイントを右ヒジが曲がった状態で通過。右ヒジが伸びるのは、インパクトのあとになります。

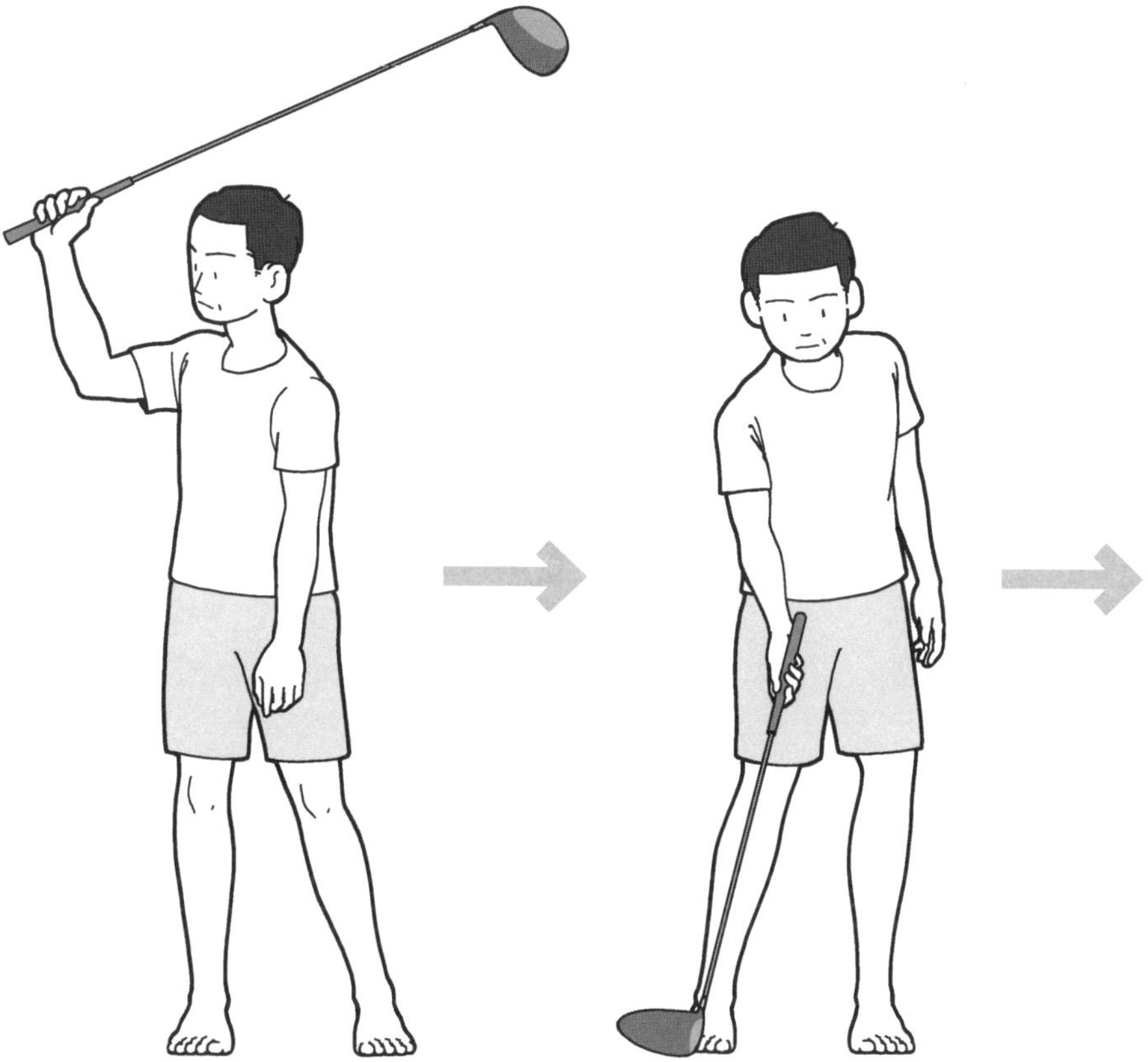

野球のサイドスローの感覚をさらに当てはめると、目標方向に向かってボールを投げるイメージが、クラブのリリースにも近い場合があります。ただし、この感覚は人によって違いの出る部分でもあります。どこで(どんなタイミングで)リリースするかは、さまざま試して自分に合うパターンを見つけるようにしてください。

右ヒジについては、「インパクトでは曲がっているから、右手でボールを押せる」という指導もあります。アマチュアに多いのは、リリースのタイミングが早いパターンであり、そうするとインパクトより早くヒジが伸び、ボールを弾いている感覚になります。インパクトする直前からヒジを伸ばしていくタイミングにすると、大きな力でボールをとらえ、ヘッドでボールを押してターゲットラインに乗せて飛ばす感覚が持てるようになります。

4 ローテーションは腕と体でつくりだす

何もしないとフェースは開く

クラブフェースのローテーション、フェースを閉じる動きについては、「手首を返す」と表現されることもありますが、実際には手首の動きではなく、ヒジから先の動きに加えて、上腕の動きによってつくられています。つまり、アームローテーションです。

ゴルフスイングにおいては、フェースがローテーションする動きは必ず起きています。確かに「軌道に対して」という見方をすれば、フェースの向きはずっと同じに見える場合もあります。昔「シャット」と言っていたフェースの使い方で、今はそのような使い方を目指すプロが増えてきています。軌道に対してずっとスクエアなら、どのタイミングでボールに当たってもターゲットに向かって飛ばせるからです。

しかし何も意識せずに動かすと、クラブの構造的に、ダウンスイングではフェースが開こうとする動きが必ず出ます。それを抑えて、スクエアの状態をキープするには、ローテーションに相当する方向への力を出さなければならないのです。

このフェースを閉じる動きは手や腕でしかつくれないわけではなく、回転でもつくることができます。要は自分に合った「フェースを閉じる動き」のつくり方を見つければいいのです。

部位

前腕と上腕

機能

ローテーション（クラブを回す）

■腕をねじってフェースを開閉する

両腕がねじれる動きが、フェースを開いたり閉じたりする動きになる。スイングの中でフェースは開こうとするため、「閉じる」または「開かせない」意識を持つことが必要となる

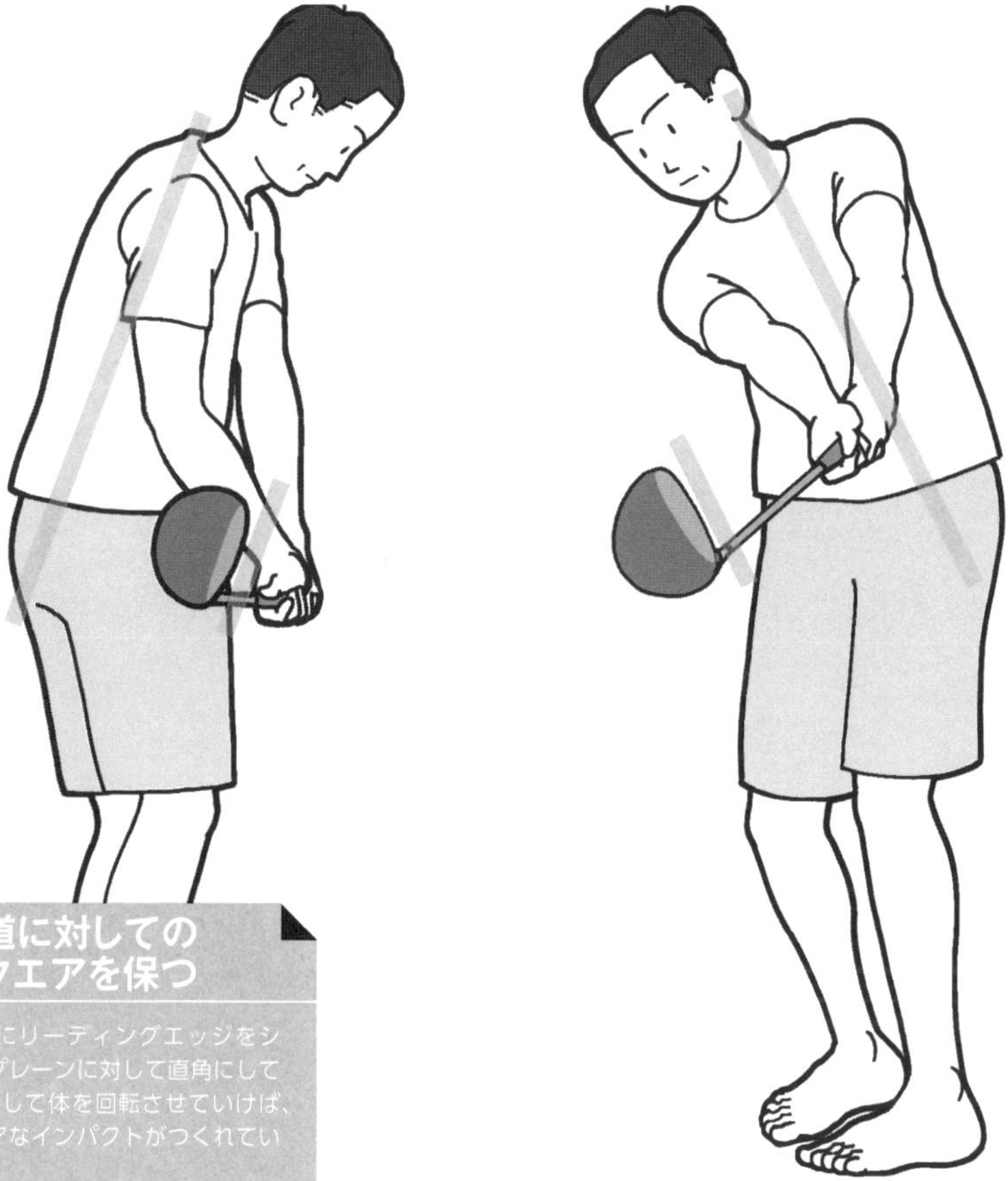

■軌道に対してのスクエアを保つ

P6までにリーディングエッジをシャフトプレーンに対して直角にしておく。そして体を回転させていけば、スクエアなインパクトがつくれているはず

手先で回すか体で回すか

クラブの動きの理想形としては、P6でリーディングエッジが前傾角度と一致。P8でも同じ状態です。ということは、P6からP7（インパクト）を経てP8までフェースの向きはずっと変わらないということ。軌道に対してフェースの向きがずっとスクエアを保つということです。

これが、体の回転によってフェースのローテーションの動きをつくっているパターンです。

このスイングをつくるには、腰や肩の回転量を大きくする必要があります。

しかし、体の「鈍感な部分」だけを使ってスイングをつくっているため、緊張した場面などでも乱れが出にくいというメリットも手に入ります。

ヒジと前腕の動きの+《プラス》α《アルファ》

ダウンスイングで逆方向に腕をねじる

ダウンスイングでは実が、右前腕を外にねじる動き（回外）は、クラブヘッドをインサイドから、ゆるやかな入射角で戻してくるためには、重要な動きとなるという考え方が近年出てきています。

この動きは、ダウンスイングと言うより、バックスイングの終わりから始まって、切り返しでのヘッドの動きを単純な「折り返し」ではなく、ある種「ループ」にして、動きを止めずにスムーズに下ろすことにもつながっています。

フェースの向きを開いた状態からインパクトに向けて閉じていかなければならない、と考えると、右前腕の動きとしては内にねじる動き（回内）でなくてはならないはずです。

しかし、ここで回内をすると、右肩が前に出る動きが出てきて急角度なアウトサイド・インの軌道になりやすいのです。

逆に回外をすると、右ヒジを下に向けつつ体側に近づけ、右肩を低い位置に引き込んで、クラブをゆるやかな入射角で、インサイドから下ろしやすくなります。

CHAPTER 5

肩関節の動き

1 左腕は体と一体となってクラブを上げていく

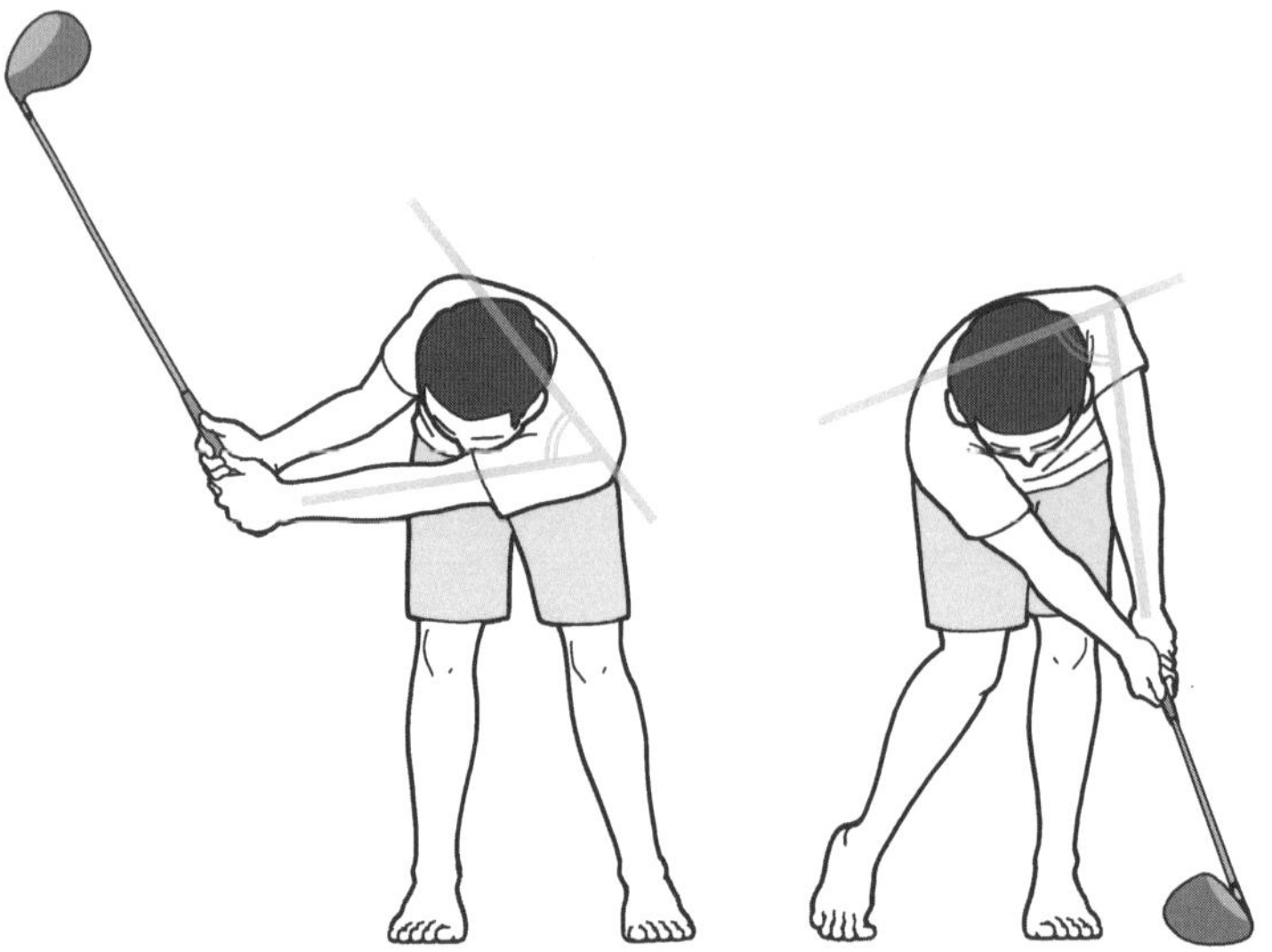

■リード・アーム・アダクション

胸と腕の角度はPGAツアープロの平均で30度弱。手の位置で言うと、胸の右の正面から、左の正面までをしっかりと振る必要がある

部位
左肩

機能
左腕でリードする

腕の動きは上げ下げ左右、ねじりなど

肩関節は、肩甲骨と一緒になって腕の動きをつくっています。

腕の主な動きは上げ下げです。前を通して上げ下げする動きと、ヨコを通して上げ下げする動きがあります。

さらに、腕を前に上げた状態から左右に動かす動きや、腕の付け根から腕をひねる動きもできます。

クラブを上げ下ろしする際、腕はどれほど上げ下げしているのでしょうか。また、腕はどのくらい振っているのでしょう。クラブを振るために腕をどう動かしているのか、見てみましょう。

胸に対して左腕を30度振る

腕を前に水平に上げて横に動かす動きがあります。左腕についてのこの動きをギアーズではとくに「リード・アーム・アダクション」として測定しています。

胸と左腕でできる角度の変化を見てみましょう。P1で84度、P2で87度とほぼ変わりません。つまり「左サイド（の体幹と腕）をワンピースにして（一体化して）」始動しています。90度より少し小さいので、手の位置は胸の正面のやや左側にあるということになります。

そこから、P4で61度まで狭まっていきます。手の位置が右にズレているのです。P5でも60度とほぼ同じ角度を保っています。

切り返しの動きの中で、左腕が胸にくっつくくらいに三角形がつぶれてしまうことをボールが捕まらない理由やヘッドスピードが上がらない理由に挙げる人もいます。

いったんつぶれた三角形は元に戻していかないといけないのです。しかし、力で元に戻そうとしなくても、左に側屈し左肩甲骨を下げておくことである程度以上、この角度がつくことはなくなります。

P5以降はこの角度は広がっていきます。P6で89度、P7で87度。つまりアドレスのときとほぼ変わらない角度になるわけです。

さらにP8で87度、P9で87度と変わりません。P6以降、この角度がほとんど変わらないということは、やはり左腕が胴体とワンピースになって動いているということでしょう。「腕が体を追い越す」意識は、振っている側からするとあると思いますが、腕が体の正面を通り過ぎ、文字通り追い越すほどには振られていないのです。

胴体に対しての腕の動きを「腕のスイング」とするならば、その振幅の大きさは、切り返しのときに約60度から約90度まで、30度ほど動いて、アドレスの状態に戻るという程度だと理解してください。

左腕が正しく動けば右腕はついてくる

リードする側である左肩の動きについてはデータをとっているギアーズですが、右肩についての同じ項目はありません。

スイングをチェックする際、左腕の動きは重要と考えられているのに対し、右腕についてはとくに必要性が認められていないのです。つまり、左腕のリードに、右はついていくだけであり、左腕の動きを直せば、右の動きもよくなると考えられているということだと思います。

2 ローテーションは腕の付け根から始まる

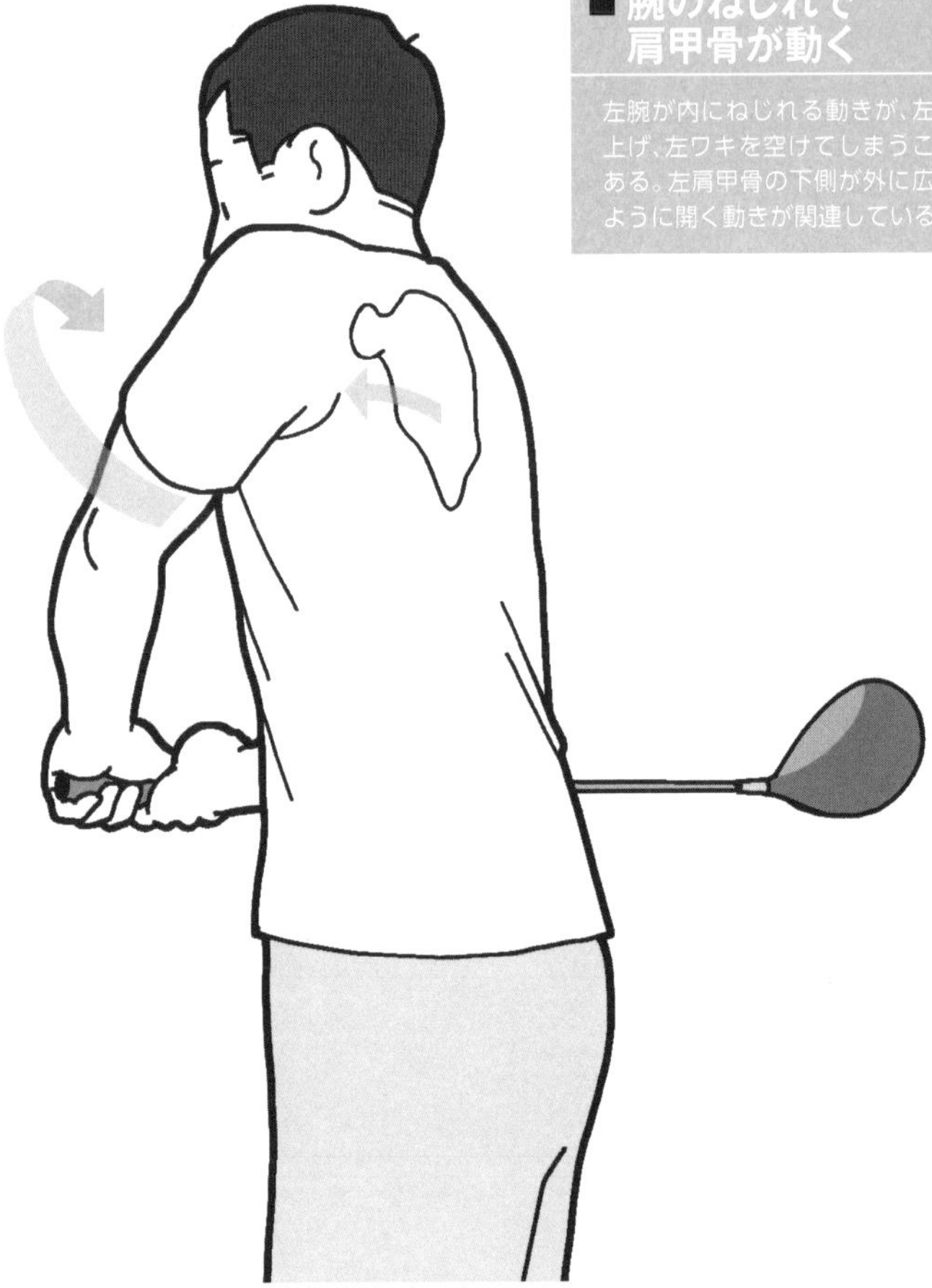

■腕のねじれで肩甲骨が動く

左腕が内にねじれる動きが、左肩を上げ、左ワキを空けてしまうことがある。左肩甲骨の下側が外に広がるように開く動きが関連している

部位
肩関節

機能
腕の根元でねじれる

腕のねじれが肩の位置を変える

肩関節の特別な構造によって、腕は根元からねじる動きができるようになっています。腕をねじる動きは、場合によっては肩甲骨を動かし、肩の位置を動かすことがあります。

バックスイングで左腕を外にねじると、ヘッドはアウトサイドに上がっていきトップでシャフトクロスの状態になり、内にねじるとフラットな軌道で上がっていきます。

バックスイングではフェースが開こうとする動きによって、左腕が内にねじれようとします。その動きで左肩が上がると、「左ワキが空く」と言われるエラー動作になります。

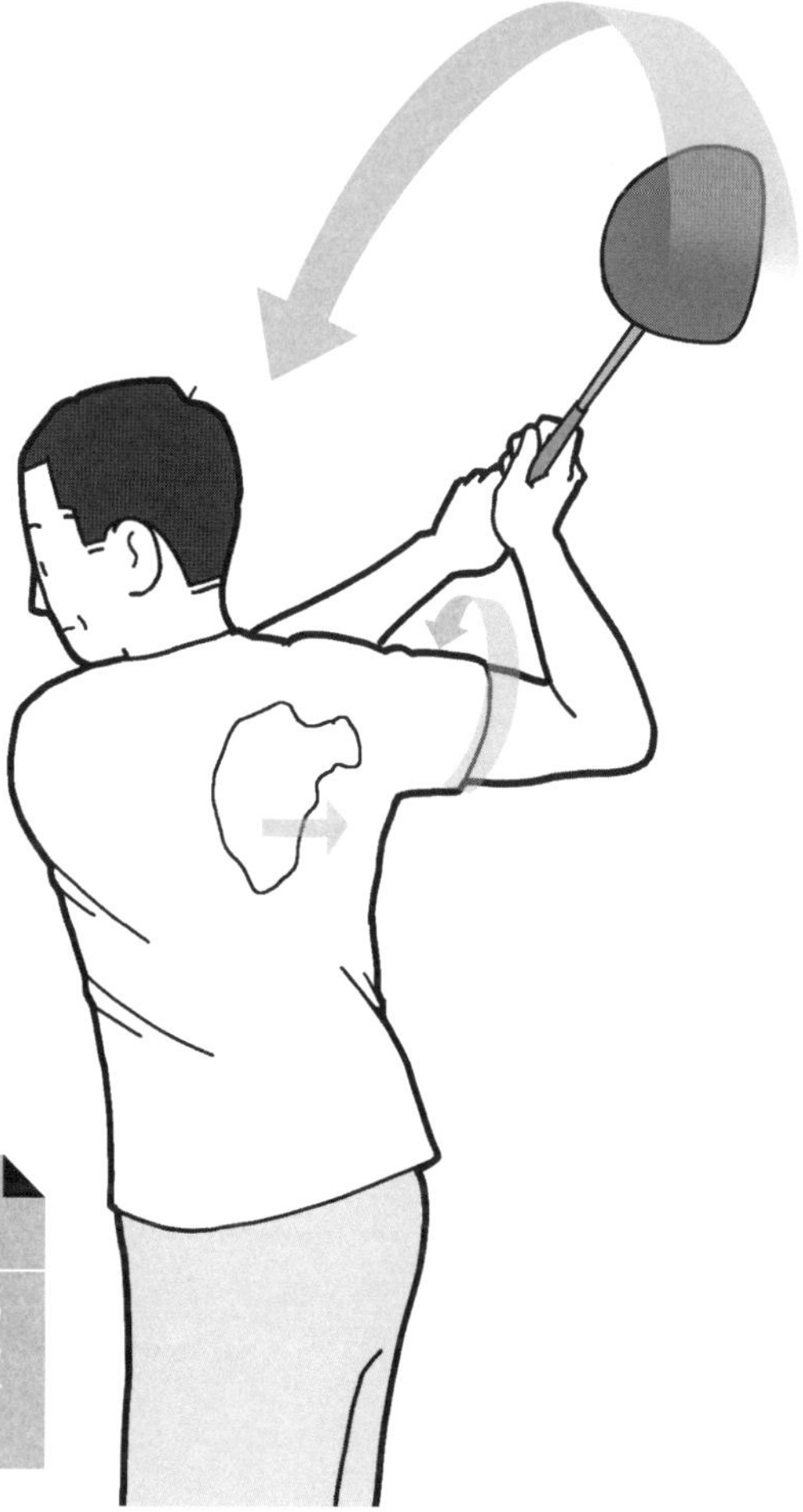

■ 左肩を下げても右肩は上がらない

右腕のねじり方で右肩の位置が変わる。クラブをプレーンに乗せるための動きはどうすればいいのか、自分なりの方法を見つける必要がある

左ワキが空く状態では、左肩甲骨が上がったり、肩甲骨の下側が外に開いたりしています。肩甲骨を下げ、左肩を下げると、左へ側屈した形に修正できます。

右腕は外にねじれ右側屈につながる

右腕について考えてみましょう。

フェースが開こうとする動きに対し、それを止めようとして右手をかぶせると、右腕が内にねじれます。そうすると、右肩が上がったり、右ヒジが外を向くフライングエルボーになったりします。

逆に、フェースが開こうとするのに任せると、右腕が外にねじれます。それが右の肩を下げ、逆に左肩が上がる原因となる場合があります。このように、肩の位置によってクラブの軌道が変わることがあるので、いろいろ試してみるといいと思います。

3 左でクラブを引っ張り右でリリースする

■左で引っ張り始める
ダウンスイングでの腕の振りは、まず左でクラブを引っ張るイメージで始めるパターンが多い

部位
左腕
右腕

機能
振る

左右の力を合わせスイングをつくる

ダウンスイングでは「クラブを引っ張る」という説明をしました。引っ張る動きについては、左腕でつくっていると意識している人が多いと思います。

では、ダウンスイングは左腕で引っ張るだけで完成するのでしょうか。最近では、「引っ張り続ける」という説明をする人が増えてきているのも確かだと思います。

しかしエネルギーを大きくすることを考えると、右の力も使うべきですし、実際には右も使って打っている人が多いのです。

「左で引っ張り、インパクトでは

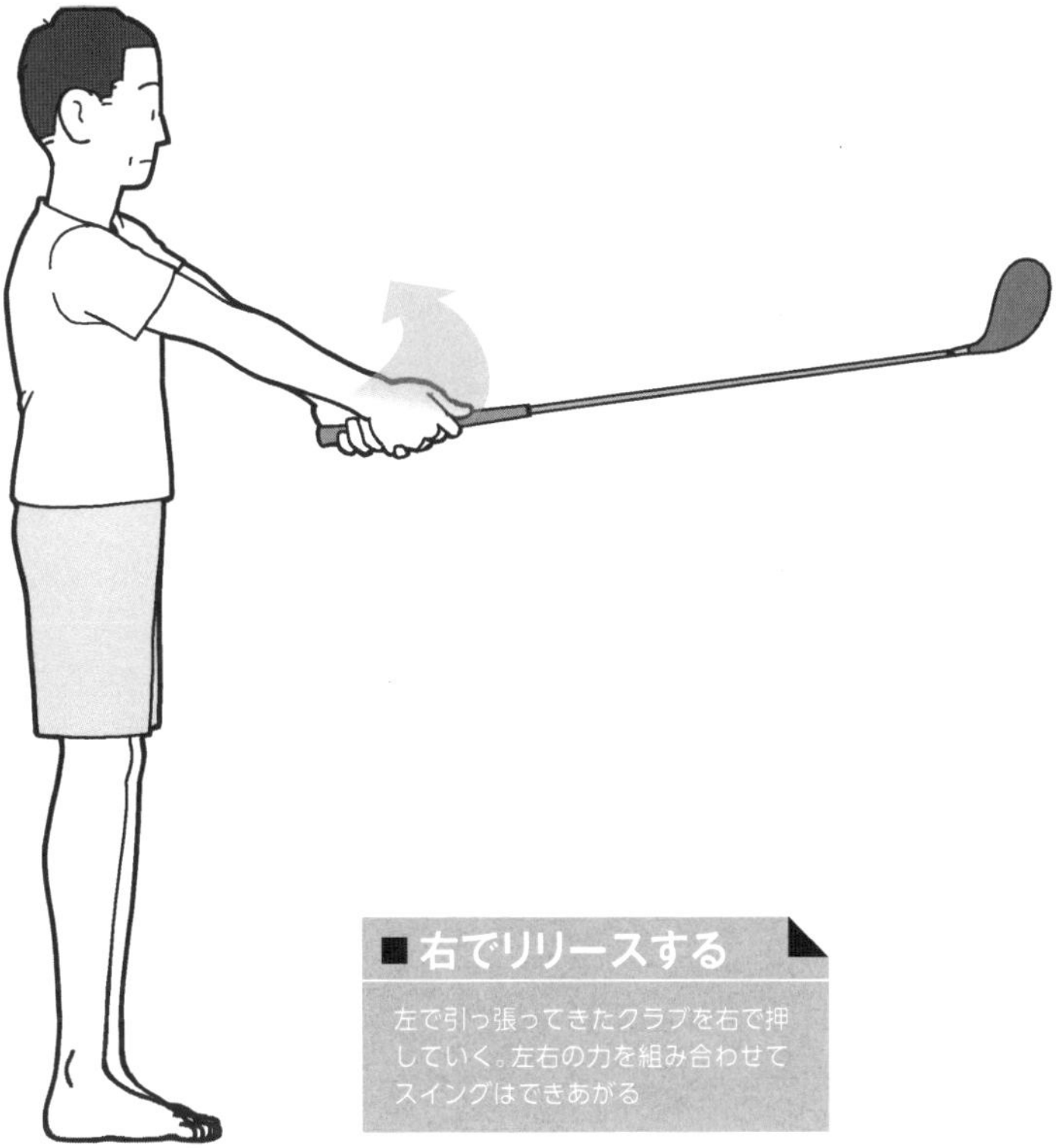

■右でリリースする

左で引っ張ってきたクラブを右で押していく。左右の力を組み合わせてスイングはできあがる

右で押す」または「右でリリースする」という感覚を持っている上級者、プロは多いと思います。ただし、この場合、腕とは限らず、体の左サイドと右サイドで行なっていると感じている人もいます。

一方で、球筋が定まらない一般アマチュアの多くは、右手だけで下ろしています。右腕のほうが力が強そうに思えますが、その力を活かせるのは、左腕をリード役として使い、正しい軌道にクラブを乗せるという前提が整っている場合です。右腕を使おうとすると、多くの場合は、クラブをアウトサイドから下ろしてしまいます。

左腕で引っ張る動きと、右腕はサイドスローでボールを投げる動き。この2つをうまく組み合わせることを考えて、ダウンスイングの腕の動きをつくってみてください。

肩関節と肩甲骨の動きの＋《プラス》α《アルファ》

肩甲骨の位置で“腕の長さ”が変わる

肩関節や腕は肩甲骨と連動することもでき、肩甲骨の動きが加わることで体幹の動きが変わったり、変わって見えることもあります。脊椎は腰椎と胸椎で約40度程度しか回転できない構造です。にも関わらず90度ほど回ってくるように見えるのは、肩甲骨が動き、肩の先が動いているためです。

また、肩甲骨の位置で、腕の長さが変わる感覚が持てます。肩甲骨を外に開くと、腕を前に大きく伸ばすことができます。肩甲骨を背骨に寄せると、腕が短くなったように感じます。

肩甲骨を上げて「いかり肩」のような状態にすると、肩まわりから首に描けての筋肉が緊張します。スムーズな動きになりにくくなるわけです。逆に、肩甲骨を下げて、「なで肩」の状態にすると、首から肩の筋肉の緊張がほどけ、スムーズな動きを引き出しやすくなります。

CHAPTER 6

体幹の動き

1 体幹の動きは回転だけではない

■ 上下の軸と2つの動き

体の動きを立体的に考えると、まず上下の軸に対し、軸方向の動きがある。つまり、上に伸びる動き、下に縮む動き。そして上下の軸を中心に回転する動きがある

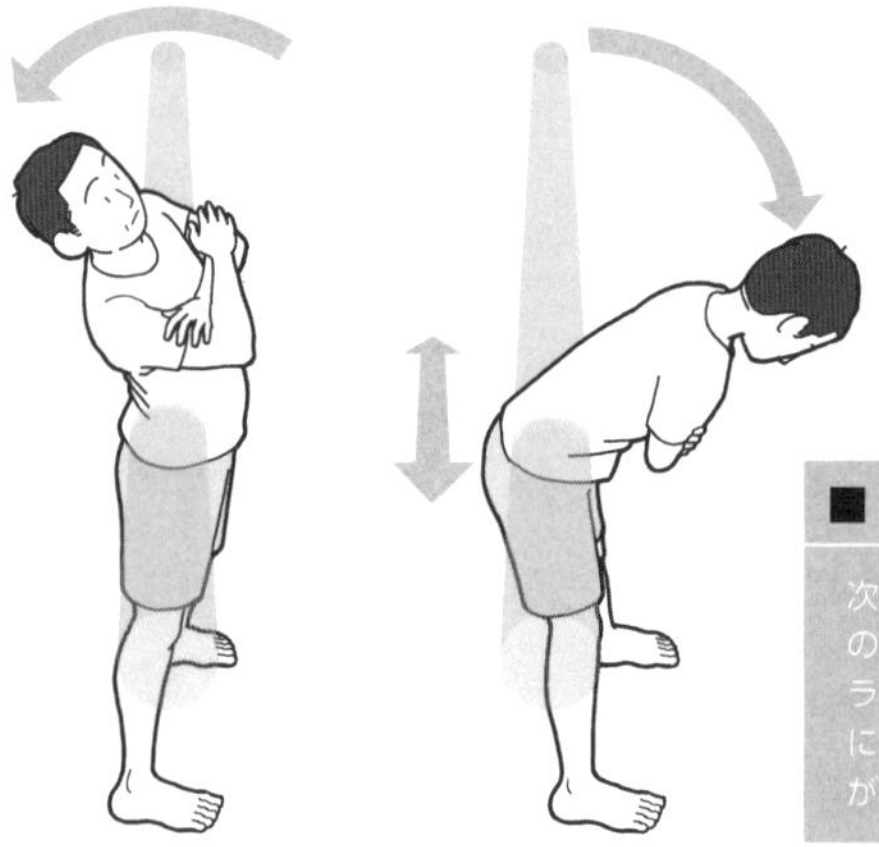

■ 左右の軸と2つの動き

次に左右方向の軸に対して、軸方向の動き、つまり右にスライド、左にスライドがある。さらに左右の軸中心に回転する動き（前傾と後傾の動き）がある

部位

脊柱

機能

回転、前後の傾斜、左右の傾斜

前後左右の屈曲と回転が自由にできる状態をつくる

体幹の動きは、脊柱（背骨）の動きがつくっています。たくさんの椎骨が積み木のように重なっていて、その重なり合いの部分でねじれたり折れ曲がったりします。ひとつの動きは小さいものの、たくさんあるため、全体としては大きく動きます。

動きとしては、上下、左右、前後という3つの軸に対して、軸方向の動きと回転ができ、どの動きもスイングの中で使われます。

そのため、大切なことは、この脊柱全体をスムーズに動かせる状態をつくっておくことです。回転、前後傾、左右すべてどの動きも支障なく

■ 前後の軸と2つの動き

３Ｄのもうひとつは、前後の軸。軸方向の動きは、前に動く動きと後ろに動く動きになる。さらには前後の軸中心に回転する動きは、左右への側屈になる

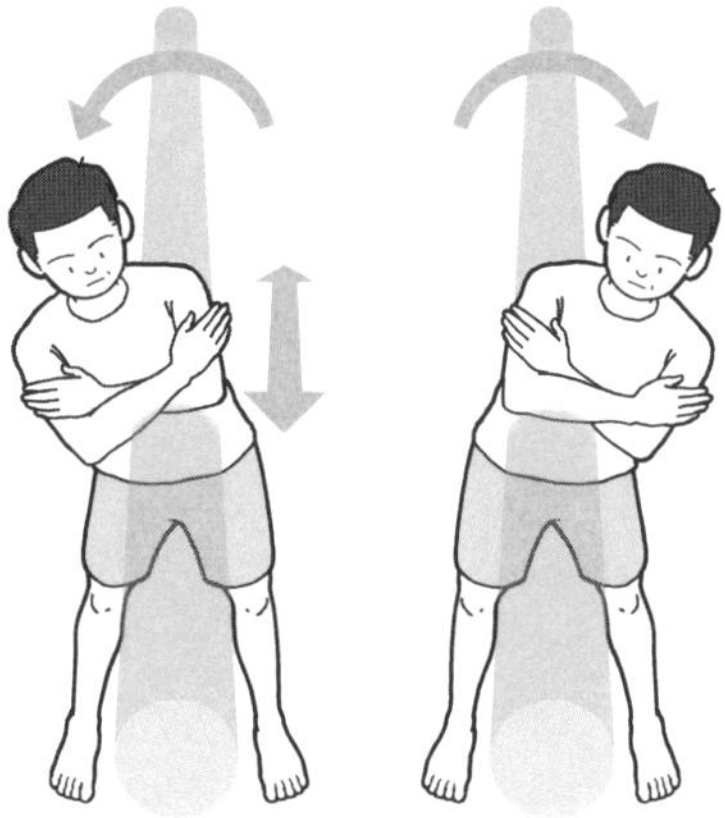

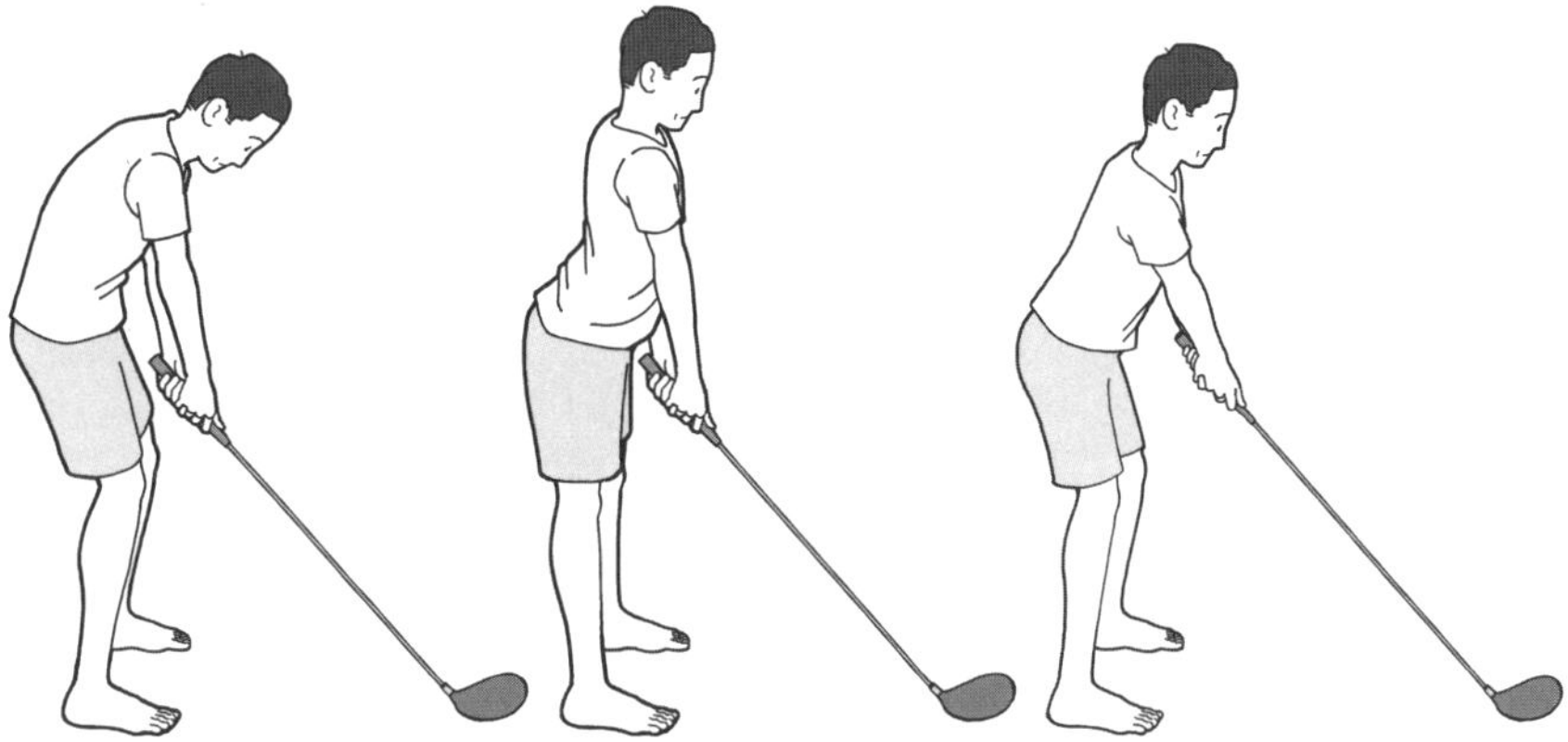

■ 骨盤から前傾すれば脊柱全体を使える

骨盤から前傾すると、体幹全体を動かせる。骨盤を立てておき、背骨のどこかで前傾すると、体幹の中で動く部分が制限される

できる状態が理想です。

スイングの姿勢は骨盤から傾けることが理想とされます。骨盤から前傾させ、脊柱全体を自然に伸ばしてニュートラルな状態にしておけば、どの動きもしやすい状態をつくれます。

しかし、背中が丸まった構えの人も背中が反った構えの人もいます。できるだけ自分の体にとって無理のない状態をつくることが大切です。

2 骨盤を回すために前傾はほどける

部位
骨盤と腰椎

機能
前傾の維持

■ 骨盤の前傾は浅くなる

ダウンスイングでは、骨盤を前傾させた状態で回転する意識を持つと、力を下(ボール方向)に向けながら手とクラブを下ろしていける。だが、回転が速くなると骨盤は自然に起き上がってくる

プロは骨盤を傾け続けていない

骨盤の前傾について、PGAツアーのドライバーでの平均データを見るとP1では約6度という、わずかな傾きです。この角度は、地面に対してなので、太モモに対してはもう少し角度がついている、つまり脚と体幹の角度はもう少し狭まっていると考えていいでしょう。

骨盤の前傾についてのデータをもう少し観てみましょう。P2、P3とほぼ変わりませんが、P4では3度弱まで前傾角度が減り、さらにP5で1度。そしてP6で後ろに7度。P7では12度後傾、P9で15度と後傾していきます。

ダウンスイングでなぜ骨盤が後傾していくかというと、より速く回転しやすい状態をつくろうとした結果ということでしょう。

しかし、スイングの見た目としては前傾をキープしているように見えます。簡単に言えば、骨盤は後傾していても、背骨の上のほうで前傾をつくっているためです。前傾自体がなくなったわけではないことは理解してください。

ただ、一般のゴルファーに教える際には、「ダウンスイングでも骨盤の前傾をキープする意識を持ちましょう」と伝えます。そのほうがいい動きになるためです。ダウンスイングの始まりには、体幹の回転によって腕を下ろし、クラブを下ろす動きがあり、力の向きを下向きにすることがカギとなります。そのためには骨盤を前傾させたままダウンスイングの回転をつくるイメージのほうが合うようです。

3 骨盤は前傾させたまま回転させる意識でいい

部位　腰椎

機能　骨盤の左右の傾き

■アドレスのときの骨盤の前傾がカギ

アドレスで骨盤を前傾させる。実際には骨盤はスイング中に後傾するが、意識の上では前傾させ続けるつもりで動くほうがいい動きになりやすい

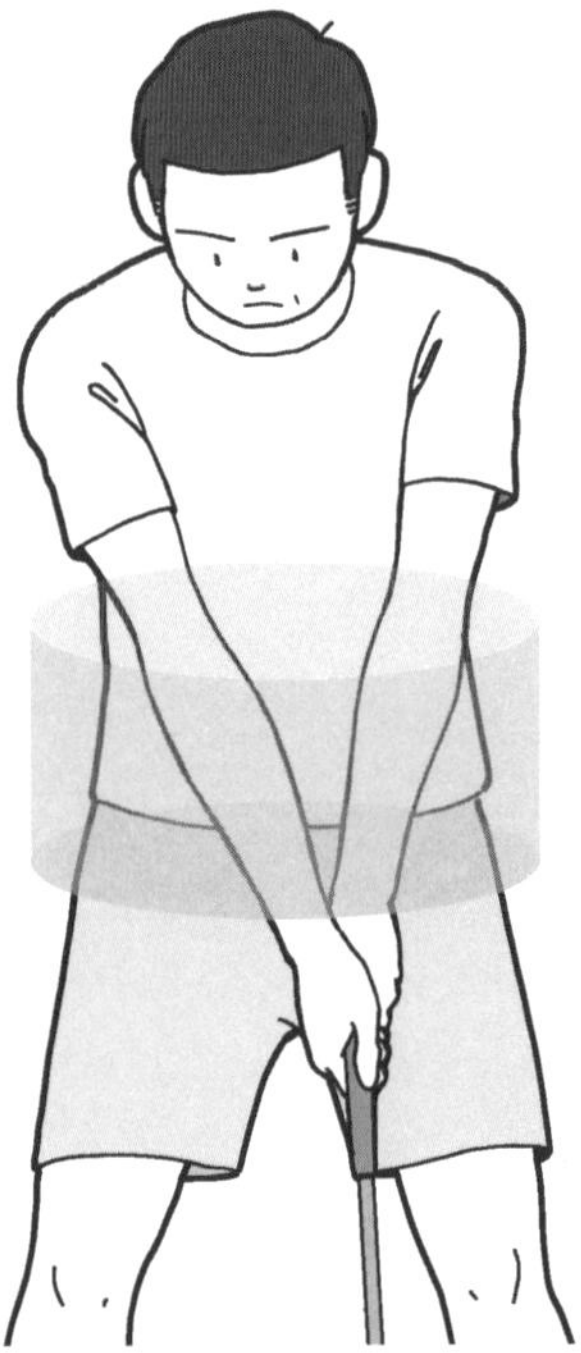

前傾が左傾斜になりダウンで右傾斜になる

次に、骨盤の左右の傾斜についてのPGAプロのドライバーでの平均データを紹介します。

P1で右に1度傾斜（右が低い）状態から始まり、P2で0度、P3では左に3度（左が低い）、P4は左に10度傾きます。ダウンスイングで傾きは弱まっていき、さらに傾きが逆転し、P6では右に6度、P7で8度、P8で9度となります。

これが何を意味しているかというと、前傾した軸で骨盤を回転させているということです。アドレスでほぼ水平だったとしても、バックスイングをすれば右腰が高くなり、ダウ

■左右の傾きが前傾を引き継ぐ

「アドレスの正面」への傾きを、体をヨコに向かせた時点では、骨盤の左右の傾きが引き継ぐ。単に「骨盤を前傾させたまま回ればいい」というものではない

ンスイングで正面を過ぎると左腰が高くなっていくということです。

当たり前のことですが、骨盤の左右が同じ高さを保ったまま回転する、つまり水平に回転するわけではないのです。

これは、肩についても同じことが言えます。

骨盤の左右の高さが変わるということは、ヒザの高さも変わるということにもつながります。トップでは右腰が高くなるのにしたがって右ヒザは伸ばされていくからです。

また、切り返し直後の動きについて、クラブは上がってきた軌道を戻すイメージがいいと説明してきました。腰の動きについても同じで、回ってきた道をそのまま戻っていくイメージで動きをつくってください。

骨盤の中心あたりを軸にするイメージでバックスイング方向に回転し、切り返しで回転を反対にして戻っていけばいいと思います。

4 捻転差はＰ４からＰ５で最大になる

部位
腰椎と胸椎

機能
腰と肩の捻転差をつくる

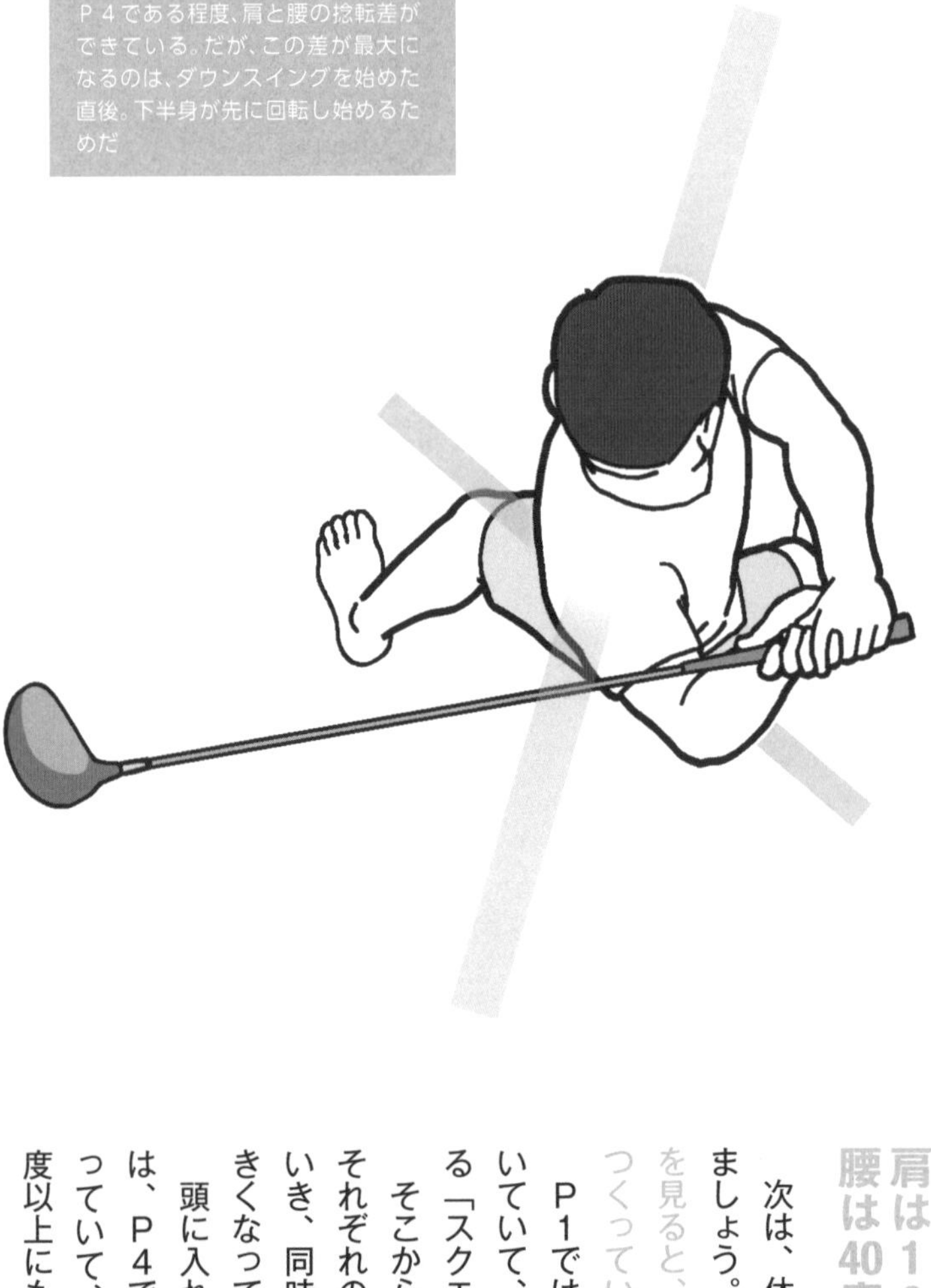

■切り返し後のP5で捻転差は最大になる

Ｐ４である程度、肩と腰の捻転差ができている。だが、この差が最大になるのは、ダウンスイングを始めた直後。下半身が先に回転し始めるためだ

肩は105度 腰は40度回ってトップ

次は、体幹の回転についてみてみましょう。ＰＧＡツアープロの平均を見ると、腰と肩の捻転差を大きくつくっていることがわかります。

Ｐ1ではほとんど両方が正面を向いていて、差はありません。いわゆる「スクエア」な状態です。

そこから腰と肩を回していくため、それぞれの回転度数が大きくなっていき、同時に、腰と肩の捻転差も大きくなっていきます。

頭に入れておいていただきたいのは、Ｐ4で肩は95度、腰が41度も回っていて、「腰と肩の捻転差」は50度以上にもなっているということで

す。

そして、P5では腰はほぼアドレスのときの向きに戻っています。しかも、P5では捻転差がP4よりもわずかに大きくなっている（54度から57度へ）のです。これはいわゆる下半身リードで「上半身をトップの位置に残したまま」ダウンスイングが始まったことを示しています。

P6では腰は左に向いていますが、肩はまだ右向き。それによって、ボールに対して入っていく軌道をインサイドにしています。このように、腰と肩、下半身と上半身が逆向きになっていることについて「分離」という言葉で表現する人たちもいます。肩と腰が一緒に回ってくる動きは「ドアスイング」と言われていましたが、捻転差によるパワーをつくれないうえ、プレーンの向きがアウトサイド・インになりがちです。

5 「体の正面でインパクト」はあくまでイメージに過ぎない

部位
腰椎と胸椎

機能
腰と肩の捻転差を戻す

■ 捻転差はインパクトでも40度弱も残っている

P4で54度に達した腰と肩の捻転差は、P5でさらに深まり、P6で40度、P7でも15度弱まで減ってくるが、インパクトでも腰は肩に対して、それだけ先行している

体幹の逆回転はありえない

よく「体の正面でインパクトする」と言われますが、その意味は、腰と肩、あるいは肩だけでもスクエアな向きにしてインパクトする、ということではないのです。

「体（肩）が開くとフェースが開く」という説明が以前はありましたが、「体（肩）が開く」と「フェースが開く」は、関係がありません。フェースが開いたインパクトは肩の向きではなく、体の傾き方（背骨が右に倒れればフェースは開き、左に倒れれば閉じる）や手首の使い方で起きています。

ＰＧＡツアープロの平均データを

骨盤と胸郭の向きと捻転差（単位は度、小数点以下１位で四捨五入）

	P1	P2	P3	P4	P5	P6	P7	P8
骨盤	左1	右15	右34	右41	右4	左36	左50	左65
胸郭	左11	右29	右73	右95	右61	右4	左35	左74
捻転差	10	-14	-39	-54	-57	-40	-15	9

確認すると、体の開き具合、とくに腰の向きについてはかなり個人差が見られます。目標を向くくらい左に回っている人もいれば、わずかに左を向く程度の人もいます。そして、腰が正面を向いたタイミングでインパクトしている人もいるのです。

インパクトのタイミングに体が正面を向く状態をつくるために「ダウンスイングで上半身と下半身を逆回転させる」という指導ワードもあります。下半身を逆回しするくらいのつもりで回転を止めようという意図でしょうが、体の回転を止めた途端に、反動で腕が走るはずです。その勢いで「強くボールを捕まえた」感覚を得られるかもしれません。

しかし実際には「飛ばしたい方向に力を出す」ほうが自然であり、力を大きくできます。何より再現性を高めるのは、自然な動きに近いほうのはずです。

6 側屈が入り肩の回転がタテになる

部位
腰椎と胸椎

機能
側屈

左への側屈から右への側屈に変わる

側屈について見てみましょう。胸郭の左右の傾きのデータがあります。P1では右に9度。動き始めると、P2ですでに左への側屈が入り、P3で33度まで傾きますが、P4では30度程度に戻ります。

ダウンスイングが始まってもP5ではまだ左に傾いた状態が保たれていて、P5からP6にかけて左への側屈から右への側屈に入れ替わります。さらにP7、P8へとさらに右への傾きが強まるのは、上半身を右側に残したまま、腰から下を左足の上に移動しつつ、伸び上がりの動きを使ったことを示しています。

■側屈の入れ替わりはP5とP6のあいだ

バックスイングで体は左に側屈していく。ダウンスイングを始めると、それが戻り始め、P5からP6にかけてアドレスと同じくらいに戻り、さらに右に側屈していく

右手が下にあるから自然に右に側屈する

側屈がない場合、肩の回転はいわゆるヨコ回転になります。それによってつくられるプレーンはフラットになり、インサイドからインパクトに入れやすくなります。それに対して、側屈を加えた動きで肩を回転すると、プレーンはアップライトになり、インパクトへ上から入れやすくなります。

右手を左手より下にして構えているので、打つときにも右への側屈は構造上、自然に出てくるはず。それなのに、腕の力に頼って叩こうとするタイプの人は、なかなか自然に側屈が出なくなります。

また、右に側屈すると右肩を低い位置に入れる感覚になりますが、だからといって右肩が前に出なくなるわけではありません。

■右肩がダウンスイングで前に出るのは必然的

側屈を入れて右肩をいったん低い位置に入れても、右肩は必ずトップの位置より前に出てくる。ただ、切り返し直後に前に出ると、引っかけやプルスライスを招く

胸郭の左右方向の傾き（単位は度、小数点以下１位で四捨五入）

P1	P2	P3	P4	P5	P6	P7	P8	P9
右９	左18	左33	左30	左23	右12	右30	右43	右40

7 体幹は回転、側屈だけでなく屈曲と伸展の動きもしている

部位

腰椎と胸椎

機能

屈曲、伸展

胸が反るようにしてトップを大きくする

もうひとつ、体幹の動きで見逃しがちな要素が、上下方向です。ここでは、前傾角度とも関係の深い、骨盤と胸郭の角度がどう変わっていくかを見てみましょう。

まず注目は、P1では骨盤が6度前傾、胸郭は38度の前傾という点。見た感じでは背筋を真っすぐ伸ばしているように見えますが、背骨の途中で前傾を深めているわけです。

P3までほぼ変わらず体が回っていきますが、P4では胸郭の角度だけが小さくなります。つまり胸の部分で少し起き上がり、それによって大きなトップをつくっているのです。

■ 胸を起こして回転を補助する

P3からP4にかけて、胸を張るようにして胸郭を起こし、トップをより深く高くしていく。また、この動きによって、頭をアドレスのときの位置を保つことができる

ダウンスイングでは体幹の上部で前傾をつくる

ダウンスイングでは、P5で骨盤がほぼ直立の状態に起き上がることは先ほど説明しました。スムーズに回転するためでした。

しかし、体幹全体が立ち上がってしまうとクラブヘッドがボールに届かなくなります。そのため、体幹の上部では前傾し、クラブヘッドがボールに届くようにします。

その動きが現われているのが、胸郭の前傾データです。P4で30度だったものが、P5で32度、P6で41度となっています。そしてインパクトゾーンを通してこの角度はキープされています。それによって確実にヘッドがボールに届き、そして、ライ角通りにクラブを使ってのインパクトを実現することができます。

■ 骨盤が立つ代わりに胸郭で前傾角度をつくる

切り返しからは骨盤が起き上がり、後傾する。それに対して、胸郭が前傾をつくり、体とボールの距離を一定に保っている

骨盤と胸郭の前傾角度（単位は度、小数点以下1位で四捨五入）

	P1	P2	P3	P4	P5	P6	P7	P8
骨盤	前6	前7	前8	前8	後1	後2	後2	前2
胸郭	前38	前39	前35	前30	前32	前41	前41	前40

8 3つの軸方向に沿った体幹の動きもある

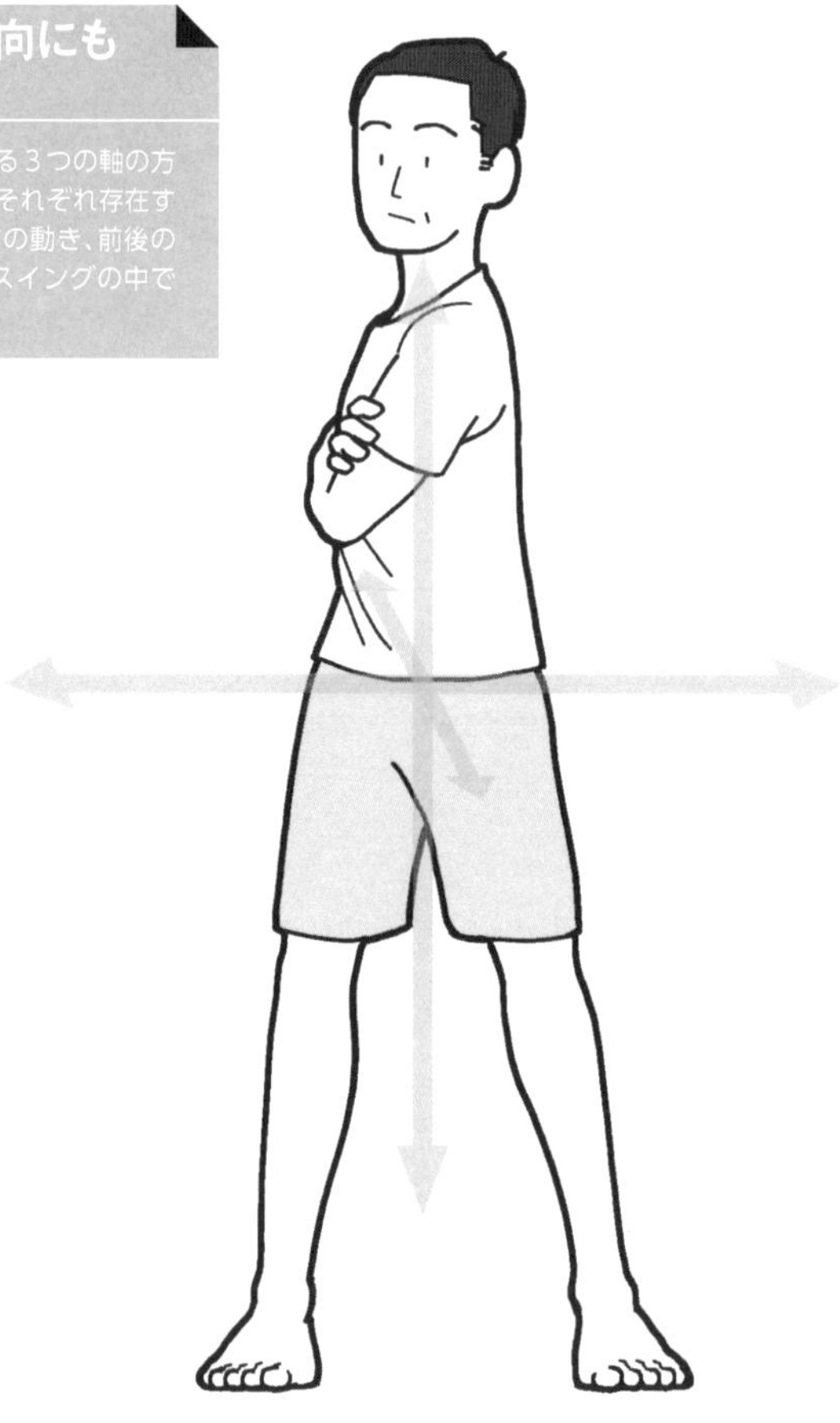

■3つの軸方向にも体幹は動く

体幹の動きを説明する3つの軸の方向に沿っての動きもそれぞれ存在する。上下の動き、左右の動き、前後の動きだ。どの動きもスイングの中で起きている

部位
体幹

機能
上下に動く

上下の動きは前・後傾とつながる

体幹の動きを上下・左右・前後の軸で説明してきました。ここまでの説明は、3つの軸を中心とした回転の動きです。体幹の動きにはさらに、3つそれぞれの軸方向の動きがあります。つまり、前後への動き、左右への動き、上下への動きです（P60〜P61参照）。「軸がブレてはいけない」と考えられていますが、体幹にはこれらの動きが実際に起きています。

まず、上下の動き。この動きについては、主に前傾を深くしたり浅くしたりする動きとヒザの曲げ伸ばしによってつくられます。骨盤の中心位置の変化についてのPGAプロ平

■ いったん沈んで伸び上がる

骨盤の中心の位置はダウンスイングで次第に低くなっていき、切り返し直後はほぼ高さを変えず、P5以降に上昇していく。地面を踏んで伸び上がっていくことを示している

骨盤の中心の位置＝上下の変化（単位は cm、小数点以下 1 位で四捨五入）

P1	P2	P3	P4	P5	P6	P7	P8	P9	P10
0	0.4 下	1.1 下	3.0 下	2.8 下	0.7 下	0.9 上	1.7 上	1.6 上	1.0 上

均データを紹介しましょう。

Ｐ１の位置を０としてＰ４に向かって骨盤の中心は３センチほど、下に動いていきます。バックスイングで沈むのは、地面を踏んで、返ってくる力でインパクトの力を大きくするためです。ですから、ダウンスイングでは骨盤の位置は高くなっていきます。Ｐ５ではほとんどＰ４と変わらないのですが、Ｐ６で０・７センチ低い位置からＰ７では０・９センチ高い位置、Ｐ８で１・７センチ高い位置へと伸び上がっていきます。

骨盤と胸郭の前傾角度が変わりながら、骨盤の上下動と連動して、インパクトでのヘッド軌道の高さを調整しているわけです。これらの動きは意識してつくれるものではありません。ある程度自由に動ける状態をつくって、自然にそれらの動きが引き出されるようにしてスイングはつくられていくのだと考えてください。

9 ヨコの動きはメリットとデメリットを確かめておく

部位
体幹

機能
左右に動く

骨盤はヨコに動いても動かなくてもいい

次は横方向の動きです。骨盤の中心、胸郭の中心の位置の変化がデータになっています。

P1では2点ともスタンスのほぼ中心にあり、その位置を0としています。

バックスイングでは骨盤、胸郭とも右に動いており、P4でのそれぞれの値は4・6、4・4センチ。つまりトップの位置で動いたのは5センチ未満です。

ダウンスイングでは、P5で骨盤が左に0・4センチ（なのでP4からは4・9センチ）、胸郭が左に3・4センチ（同7・8センチ）動いています。

P7で骨盤は左に動き続けていますが、これは、左足に乗り、その上で骨盤を回しているためでしょう。一方で、胸郭は右に戻っています。遠心力で目標方向に引っ張られるのに対応しているわけです。

バックスイングでの右への動きは、右足の上まで。それ以上動くと、ダウンスイングの際にタイミング良く戻ることが難しくなります。ダウンスイングでの左への動きについては、左足の上に乗るまでが限度と考えてください。これ以上左に動くと、インパクトで「押す」力をうまく使うことができなくなります。

左右の動きについては、確かにエネルギーを増やすために使えます。しかし、スイング軌道の最下点を安定させることを考えると、左右に動かないほうが有利なことも確かです。どちらのスイングも間違いではありませんので、それぞれ試しておくほうがいいと思います。

骨盤・胸郭の中心の位置＝左右の変化（単位はcm、小数点以下2位で四捨五入）

	P1	P2	P3	P4	P5	P6	P7	P8	P9	P10
骨盤	0	3.0右	4.6右	4.6右	0.4左	7.1左	9.7左	13.0左	14.2左	21.7左
胸郭	0	3.7右	5.0右	4.4右	3.4左	3.3左	1.0左	0.7右	0.1右	17.3左

■ 左への移動タイミングは人によって違う

「腰を左にあるカベにぶつけるようにバンプさせる」という説明もある。この動きのタイミングは人によってまちまちだ。バックスイングの途中に左に動き出す人もいれば、ヘッドがトップに達してから動く人もいる

10 クラブと引き合いながら前後のバランスをとる

部位
体幹

機能
前後に動く

■P3以降胸は前に動き骨盤中心は後ろへ

P3以降P4までの間に、胸が元の位置よりも前に出てくる。回転軸よりも背後に上がったクラブの重さとバランスをとるため、体幹の中心は自然に前後にも左右にも動く

重心位置の動き方も人によって違う

体幹のもうひとつの動きは前後の動きです。これも骨盤、胸郭の中心がどう動くのかのデータがあります。

Ｐ１で骨盤の中心は、くるぶしの真上。胸郭の中心は土踏まずの上。前傾しているのですから当然胸のほうが前にあるわけです。

大まかに説明するとバックスイングでは、骨盤は後ろに動き、胸郭は前に出ます。クラブの動きの影響も受けながら、前後のバランスをとって動いていると言えるでしょう。ただし、その動きの幅は骨盤でＰ２で１・４センチです。わずかな動きです。ダウンスイングでは骨盤が微妙に

骨盤・胸郭の中心の位置＝前後の変化（単位は cm、小数点以下２位で四捨五入）

	P1	P2	P3	P4	P5	P6	P7	P8	P9	P10
骨盤	0	1.4 後	1.1 後	0.9 後	0.8 前	0.8 前	0.8 前	0.7 前	0.6 前	5.9 後
胸郭	0	1.0 後	1.3 前	3.9 前	1.3 前	4.9 後	5.9 後	4.7 後	3.3 後	1.1 後

前に出るのに対し、胸郭の中心は後ろに引けます。P7で後ろに5・9センチ引けています。胸郭の中心より上が前傾して前に出ているため、そうしないと、ボールの位置に合わせてヘッドを振れないためとも言えます。

前後の動きについては、足圧測定のデータも参考になります。スイング中の重心の動きとして読み取ることもできるデータと考えられますが、それを見ると、プロでもまったく千差万別なのです。トップでの重心が土踏まずの人もいれば、拇指球やカカトの人もいます。ダウンスイングで右足から左足に体重を乗せる際に、ツマ先側に重心を動かして左カカトに乗る人もいれば、真っすぐ平行移動の人もいたりで、理想値というものがありません。

この点についても「前後にも動ける状態にしておく」という意識でいればいいと思います。

体幹の動きの＋α《プラス アルファ》

頭の位置はズレていい

脊柱は、下から腰椎、胸椎、頸椎が連なっています。回転の限度は、腰椎５個で５～15度、胸椎は12個で30～35度とされています。つまり、腰を回すのではなく、ねじるのは胸の部分なのです。

また、頸椎は７個の骨で45～50度回るのが標準です。肩が回っているのに、顔が同じ方向を向いているのは、首が反対方向にねじれているからなのです。この「首が逆方向に回っている」ことを意識するといい場合があります。

首も、どう動かそうかと考えるよりも、自由に動ける状態を保つことが大切だと考えてください。「ボールを見続けよう」「頭の位置を動かさないようにしよう」としすぎると、スムーズに回転できなくなります。スムーズな回転を重視するなら、頭の位置がズレたり肩の向きが変わることを許容してください。

CHAPTER 7

股関節の動き

1 脚を前後に動かす筋肉が前傾角度の維持に関係する

部位
股関節

機能
脚を前後左右に動かす

右脚を後ろに引く動きが右腰を前に押し出す

股関節は脚と体幹をつなぐ関節で、脚を前後左右に動かしたり、ひねったりという動きができる構造になっています。

前後の動き、つまり脚を振り上げたり振り下ろすというとゴルフスイングには関係なさそうに思えます。しかし、この動きは骨盤を前傾、後傾させる動きでもあります。脚を動かすと前傾が起き上がる傾向が出るのもこの関連があるからでしょう。

左右の動きについては横に広げたり、閉じたりという動き。この動きは骨盤を左右に動かすときに関わってきます。

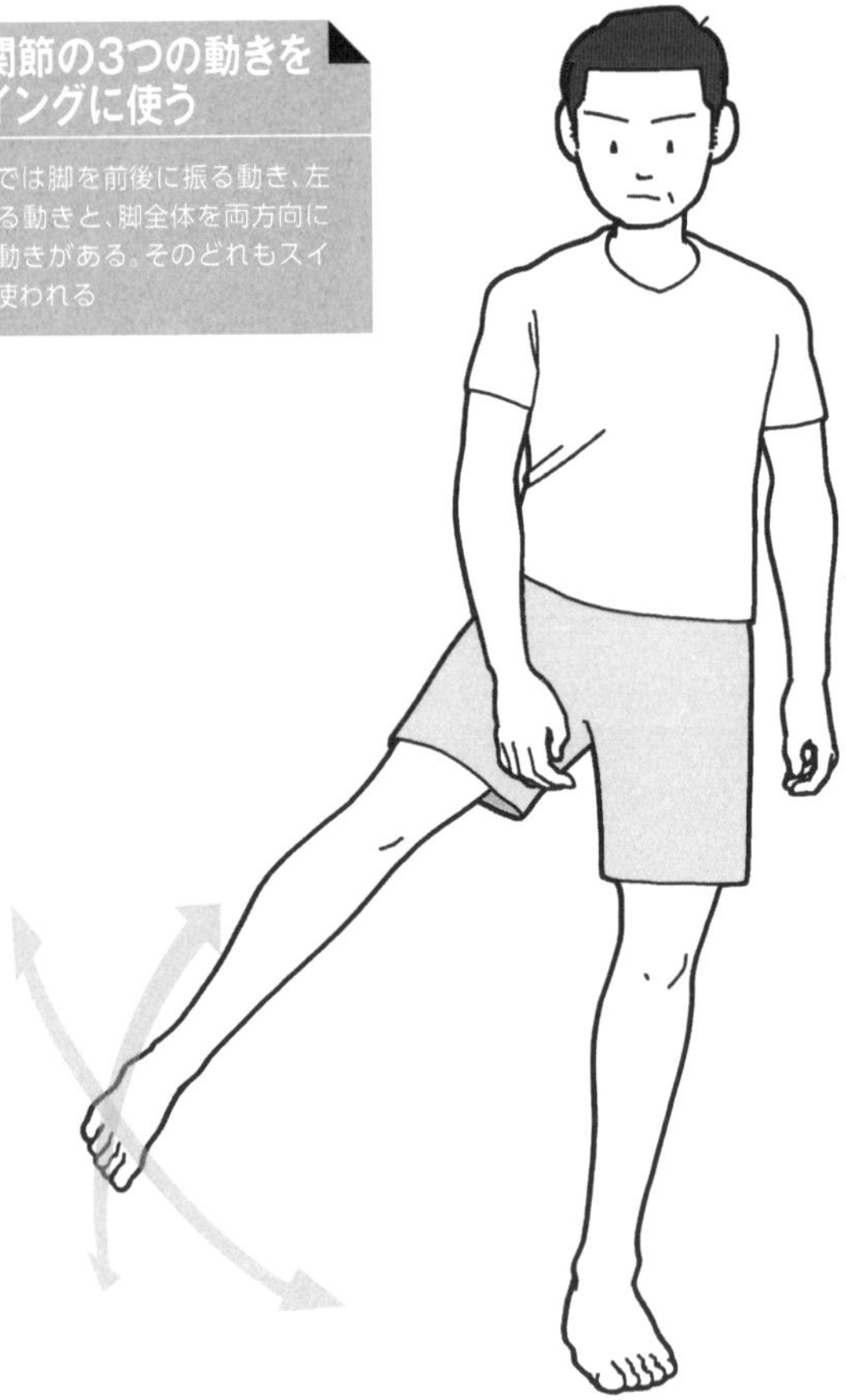

■ 股関節の3つの動きをスイングに使う

股関節では脚を前後に振る動き、左右に振る動きと、脚全体を両方向にねじる動きがある。そのどれもスイングに使われる

■脚の前後の動きでつくる力をターゲット方向に向ける

P6で右太モモは前に倒れる。つまり脚を後ろに引く動きで地面からの力を受け取り、右腰を押して、目標方向に回す力に変換している

股関節の角度の変化（単位は度、小数点以下２位で四捨五入）

	P1	P2	P3	P4	P5	P6	P7	P8
右	14.9	22.2	26.9	26.4	13.5	-8.1	-21.6	-34.7
左	11.8	6.6	1.2	0.2	15.0	13.1	6.3	-0.6

ではＰＧＡツアーの平均データから、太モモの動きを見てみましょう。アドレスでは角度がついています。ヒザが曲がり、太モモが後ろに倒れていることを示します。

バックスイングの間、右の太モモはさらに後ろに傾いていき、左の太モモは立っていきます。

切り返し前後に骨盤の回転が反転すると、太モモの動きも反転します。Ｐ５で左右の角度がほぼ同じになるのはまさしく、「シッティングポジション＝イスにすわったような状態」になっているわけです。

そしてＰ６での右太モモについては、マイナスの数字になっています。つまり太モモは前に倒れた状態、言い換えれば骨盤に対して太モモが後ろに引けた状態になっているわけです。もちろん、これは、インパクトのときには腰が目標を向くくらいまで回っているパターンだからこそです。

2 股関節のねじれで体幹の回転を受け止める

部位
股関節

機能
脚の付け根からねじる

腰を切り上げる動きは股関節で起きている

「股関節」の項目としましたが、股関節というより、脚の付け根部分と考えると、動きをつくりやすくなると思います。

脚は根元からねじれます。胴体（骨盤）を止めておいてヒザを持ち上げた状態から、ヒザを外に開いたり閉じたりする動きです。

この動きを、逆に、足を地面につけた状態で、さらに、股関節から前傾させておいて行なってみると、スイングの際の体幹の回転になります。

さらになおかつ、ヒザを前に向けたまま行なってみると、いわゆる「腰を切り上げる」動きになっていると思います。

昔から「腰を切り上げる」という言い方はありましたが、とくに最近は床反力とのつながりで、骨盤を上下に動かす感覚として説明する人も増えています。

確かにバックスイングでは右の股関節のところで、胴体と太モモの付け根のシワが深まって、「切り上げる」感覚になります。その際、右ヒザが伸びるので、右股関節（または右の骨盤）が上に動きます。左ヒザは曲がるので、左股関節（または左の骨盤）は下に動くわけです。

ただし、骨盤が正面を向いたまま、ハンドルのように、その左右が上下に動いているわけではありません。骨盤が前傾した体勢で回転しているので、軸の左右にある左右の股関節が高さを変えているだけであり、当然の結果なのです。

しかし、骨盤がタテに動くというイメージを持つと、確かに、地面を踏んだ力をうまく回転につなげやすくなるようです。ゴルフスイングにおいて「股関節を有効に使う」ためには、アドレスでしっかり骨盤から前傾させておくことと、もうひとつ、バックスイングで右股関節に、ダウンスイングでは左股関節にしっかり体重を乗せることが大切になってきます。上下の運動というイメージを持つことで、骨盤が必要以上にヨコにズレることがなくなり、しっかり股関節に体重を乗せて体幹の動きをつくれるようになると考えられます。

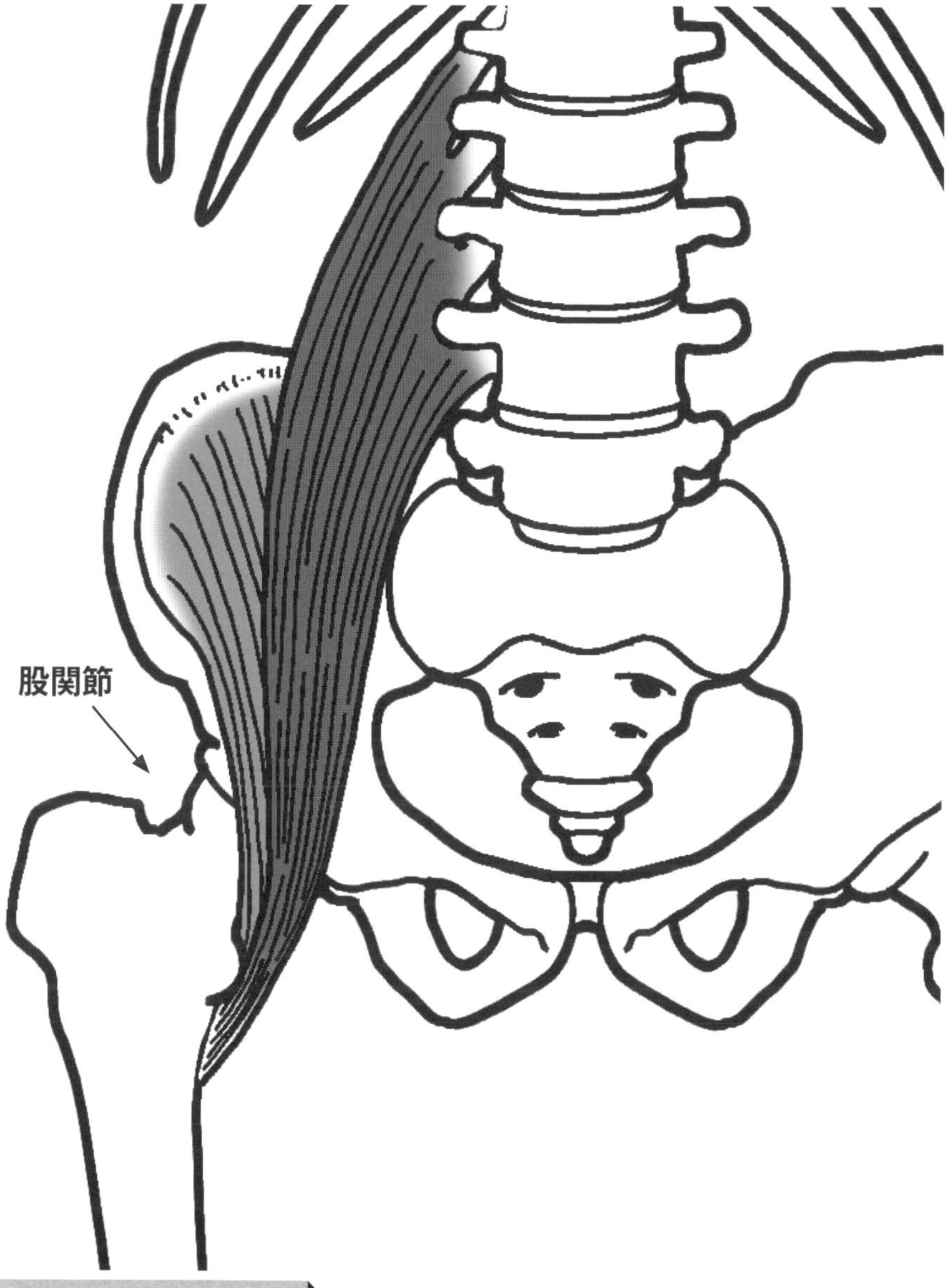

■腰を切り上げるとは？

腰を切る、腰を切り上げるというのは、股関節で脚をねじる動きが関係している。しかし、腰は切らなくても切り上げなくてもいい

股関節の動きの＋α

プラス　アルファ

股関節で体重を受け止める

「股関節を使う」と言いますが、どう使えばいいのか、わかりにくい部分だと思います。しかし、股関節は歩くときにでも使えているわけです。特に意識をしなくても、前提さえ整えておけばいいと考えていいでしょう。

その前提とは、①骨盤を前傾させてアドレスする　②バックスイングで右、ダウンスイングで左の股関節にしっかり乗る、ということです。

骨盤を前傾させて体幹を回転させれば、左右にスライドしようとしなくても体重はそれぞれの股関節に乗ってきます。体重移動しようとして動きすぎ、足の真上よりも外側に股関節がズレてしまうとダウンスイングに移行しづらくなったり、ダウンスイングで力をうまく伝えられなくなってしまいます。

トップでの右足は、垂直になっている人もいれば、内側に倒れた状態になっている人もいます。

それぞれスムーズにダウンスイングに移れる形を探してもらえればいいと思います。

CHAPTER 8

ヒザの動き

1 ヒザを含め、全身で上下の動きをつくる

部位
ヒザ関節

機能
脚の力を使う

しっかり体重を乗せ地面を踏むことが大切

ヒザ関節については、主に曲げ伸ばししかできない構造になっています。曲げた状態では、少しだけですがねじることもできます。

以前は「ヒザの高さを変えないことでインパクトを安定させる」という考え方がありましたが、最近は変わってきています。ヒザの曲げ伸ばし、つまりしゃがんでジャンプする動きによって大きな力をつくれるので、うまく活用しましょうという考えです。実際、回転よりヨコの移動（体重移動）、そしてそれらよりも上下の動きのほうがエネルギーが大きくなるというデータもあります。

また、ヒザの曲げ伸ばしを使うと、腰の回転量を増やすことにもつながります。腰が回れば、肩はもっと回り、クラブの運動量も増えます。エネルギーを飛躍的に大きくすることができるのです。

ヒザの角度についてのPGAツアーの平均データを見てみましょう。P1で左は18・0度、右が20・8度曲がっています。右が深く曲がっているということは、右腰のほうが低くなるということです。ドライバーのデータだからですが、ヒザの角度においてすでに傾く形は、上半身が右に現われているということです。

P4では左35・6度、右28・6度。両ヒザともトップではアドレスのときよりも曲がっています。これはトッププロたちが右ヒザを伸ばして右腰の回転を増やすことよりも、ダウンスイングへの移行しやすさを選んだ結果だと思います。

P5で、左右ともさらに折れ曲がるというのは、股関節のときに説明したシッティングポジションをつくっていることを示しています。

そしてP5から、P8に向かって伸びていきます。両ヒザを伸ばす動きで地面からの力を受け取って、腰の回転に変換し、インパクトに伝えていることがわかります。

注意点をひとつ挙げておくと、ヒザの曲げ伸ばしで力は出せますが、誰にでも合う動きというわけではありませんから、合わない場合は無理をしなくていいと思います。

■上下の動きで大きな力を出す

ヒザの曲げ伸ばしでつくれる力は、回転運動や、いわゆる「体重移動」のために体のヨコ方向に動いてつくる力よりも大きい

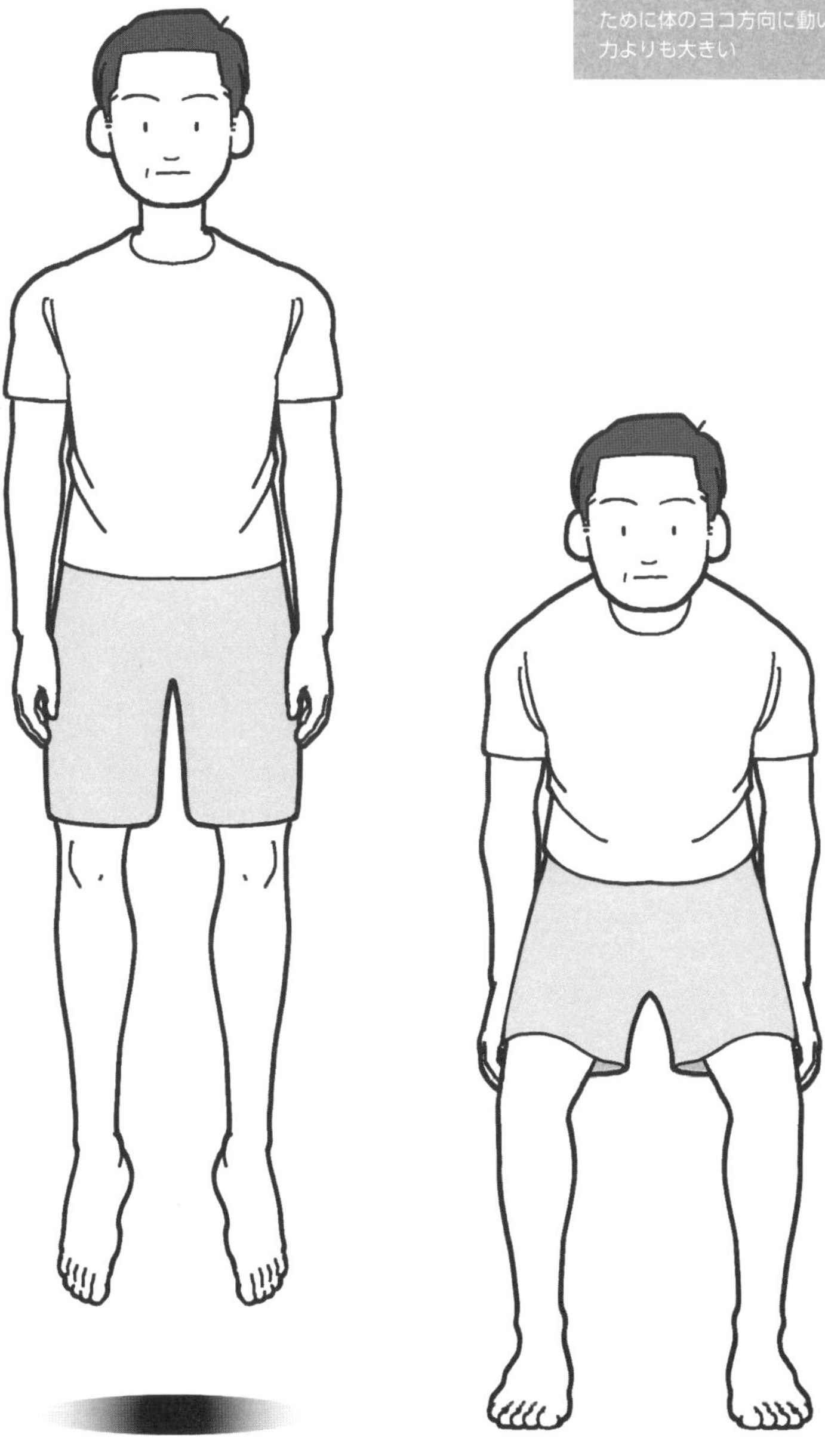

2 ヒザが向きを変えるのは脚のねじれの結果

部位
ヒザ関節

機能
下の動きを上に伝える

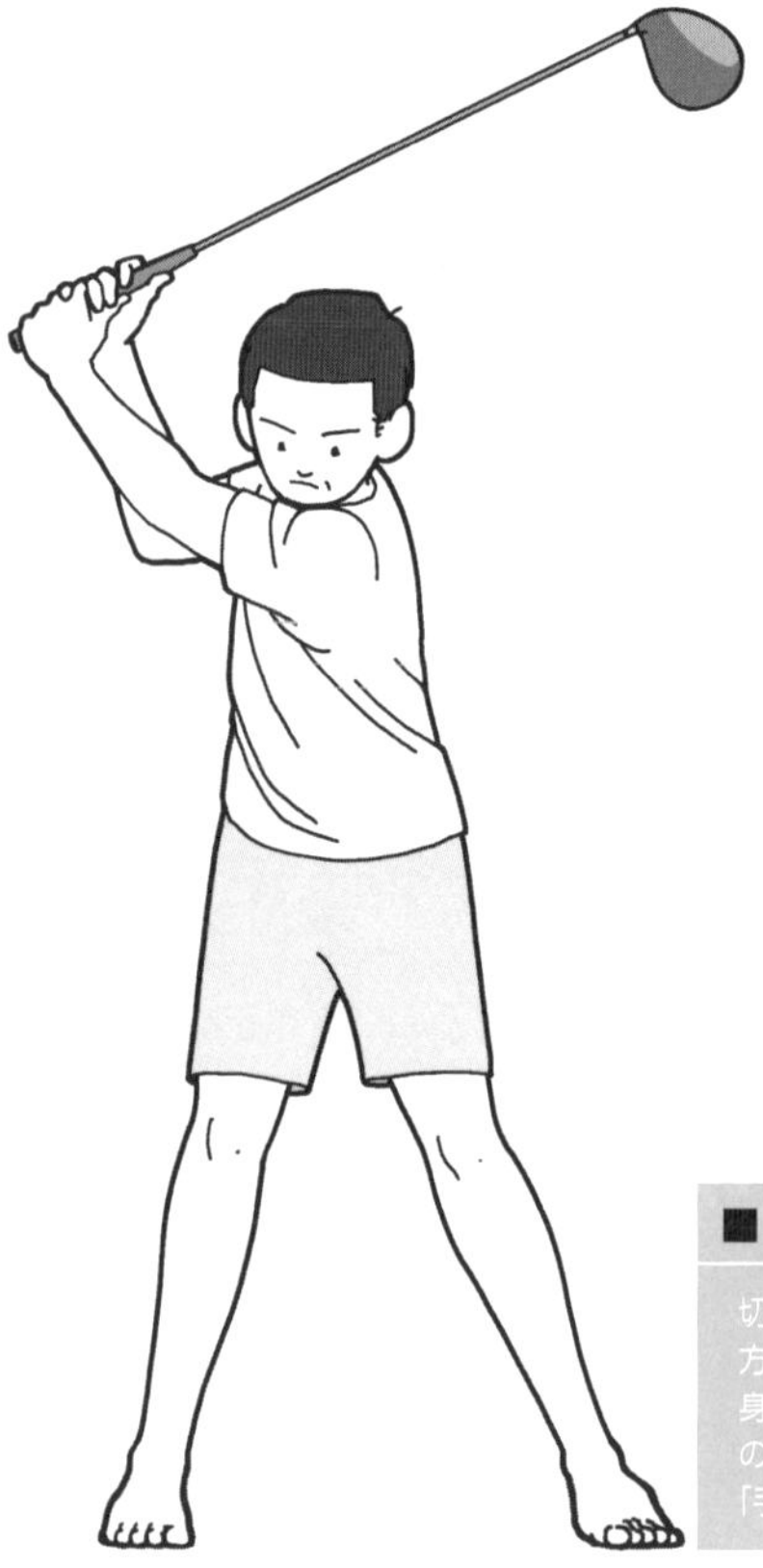

■上下の分離

切り返しで下半身はダウンスイング方向に先に動き出す。その際、上半身とクラブとを、トップの位置にそのまま残しておくつもりにすると、「手で下ろす」動きを矯正できる

切り返してしばらく「がに股」状態を維持

ヒザの向きの変化について説明しましょう。ヒザの向きは、ヒザ関節の動きというよりは足首から股関節までの動きですが、便宜上、この章で説明しておきます。

P1では左右のヒザは自然に、ツマ先方向に向きます。アドレスでのツマ先の向きは人によって違うと思いますが、それぞれの向きに合わせて自然な状態にしておきます。

バックスイングでは腰が右に回っていくのにつられて、左右のヒザは同時に右に向きを変えていきます。

しかし、それも切り返し直前まで。P4で左ヒザは左方向へと回転し始

■左右の分離

上下の分離と同じように、体の左右でも分離を意識する。切り返しの際、左サイドはダウンスイングの動きを始めるが、右サイドはトップの位置に残しておく

めます。それに対して、右ヒザはP3よりもさらに右へと回っていくため、P4では両ヒザが開いた状態、つまりがに股に見える形になります。

P5でも、がに股の度合いこそ弱まりますが、やはり両ヒザはそれぞれ外を向いています。ダウンスイングを下半身でリードするといっても、左サイドでは積極的にリードしていながらも、右サイドは上半身と同様「トップの位置に残っていよう」としているわけです。

切り返しについては「上半身と下半身を分離させる（両方を一緒に動かすのではなく、下半身だけ先行させる）」というレッスンがありますが、「左サイドだけ先行させ、右サイドは残しておく」というもうひとつの分離と考えるといいかもしれません。

P6からは右ヒザも左へとどんどん回っていきます。回りながら右ヒザは左ヒザに寄っていくように動きます。

ヒザの動きの＋《プラス》α《アルファ》

左ヒザを伸ばしていく方向とタイミング

バックスイングでは、体が右に回っているため、左ヒザは前に出ています。ダウンスイングではそのヒザを伸ばしていきますが、ヒザを伸ばすのは背後方向になります。

左腰を背後方向に回しながら行なうので、当然そうなるのです。真上に伸ばすわけではないので、ヒザを伸ばしても、上体が浮き上がるわけではありません。左腰をしっかり背後まで回していければ、フォロースルーまで前傾角度をキープできます。

左腰を背後まで回していくと、左カカトに体重が乗ってきます。しかし、切り返しでいきなり左カカトに体重を乗せようとして、引っかけなどのエラーが出る人が多いようです。

切り返しで左足の上に骨盤をスライドさせます。その動きは、左の拇指球あたりでいったん受け止める感覚を持ち、そこから左腰が背後に回っていくのに合わせて、体重がカカトに乗ってくるような流れを意識するといいと思います。

CHAPTER 9

足首の動き

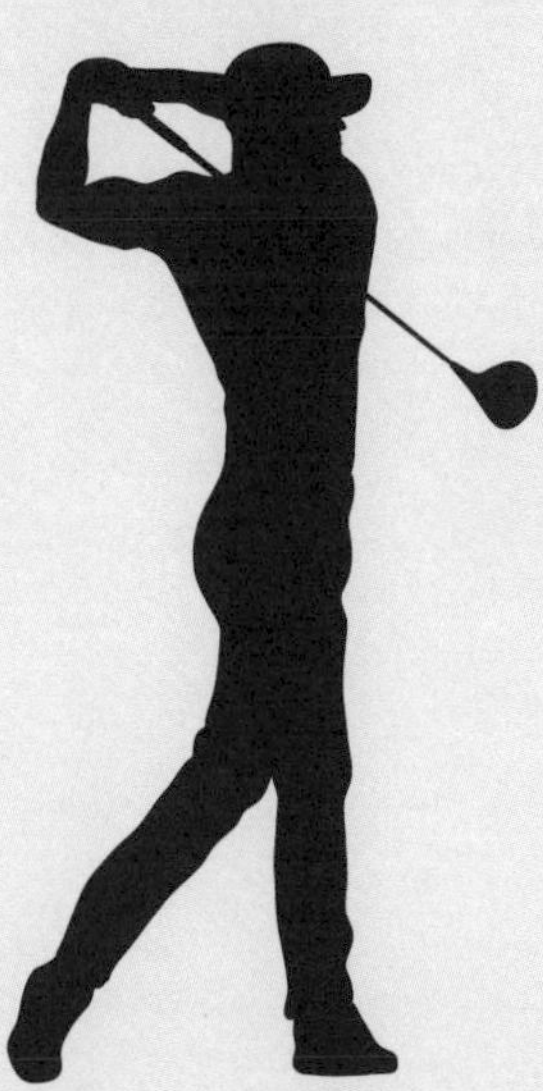

1 足をねじることで地面とのコンタクトを強固にする

部位
足関節

機能
地面を押す

右足の踏ん張りで右腰を押し回す

足首は、足の甲側に折れる動きと、その反対に足の甲を伸ばす動き。足首を中心に、ツマ先で円を描く動き（両方向）ができます。さらに、わずかずつですが足首を内外にねじる動きもあります。

手がクラブとの唯一の接点として重要だったように、足は地面との接点として重要です。

地面に対して力を加えると反力を受けます。それをスイングのエネルギーとして有効に取り入れるためには、足首がスムーズに動くことと、土台として安定していることが重要です。

簡単に言うと、足がねじれても、めくれたりしないで地面を踏み、反力を受け取って体の動きにつなげていくことが必要なのです。そのためには、足首の関節がじゅうぶんにスムーズに動く状態であるほうが望ましいのは当然でしょう。

昔から「足の指で地面をつかむイメージ」というレッスンがありました。そのくらいしっかり、ズレないように使って、地面から受け取る力を無駄なく使おうという意識だったのでしょう。足指で地面をつかむ動きが必要かどうかはともかく、「地面からの反力を受け取り、上に伝える」という意識を持つことは、運動の連鎖としていい動きをつくる助けとなりそうです。

ＰＧＡプロの平均データを見てみましょう。

太モモがバックスイングで右方向にねじれるときに、足首も同じ方向にねじれて、バックスイングをサポートします。

ダウンスイングでも同じように左方向にねじれ続けるのですが、Ｐ６からＰ７にかけて、右足で逆転が見られます。つまり、右方向へねじれるのです。脚の力を使って腰の回転を押し、インパクトに力を最大限加えようとしている動きと言えます。意図的につくっている動きと言うよりは、足でつくる力をいかに腰の回転を後押しする形で伝えていくかという意識によってつくられる動きなのでしょう。

■ 足首を回して 地面からの力を受け取る

足首が柔らかく動かせると、すねが回転してどの向きになっていても、地面からの反力をロスなく腰の回転につなげていくことができる

2 重心をどこに乗せるかは人によって違う

部位
足関節

機能
足首を曲げる

■ 拇指球で押すタイプ

拇指球に体重を乗せている人は、拇指球で地面を踏んで、すねからねじり上げていくように力を伝える。しかし右サイドが前に出やすい

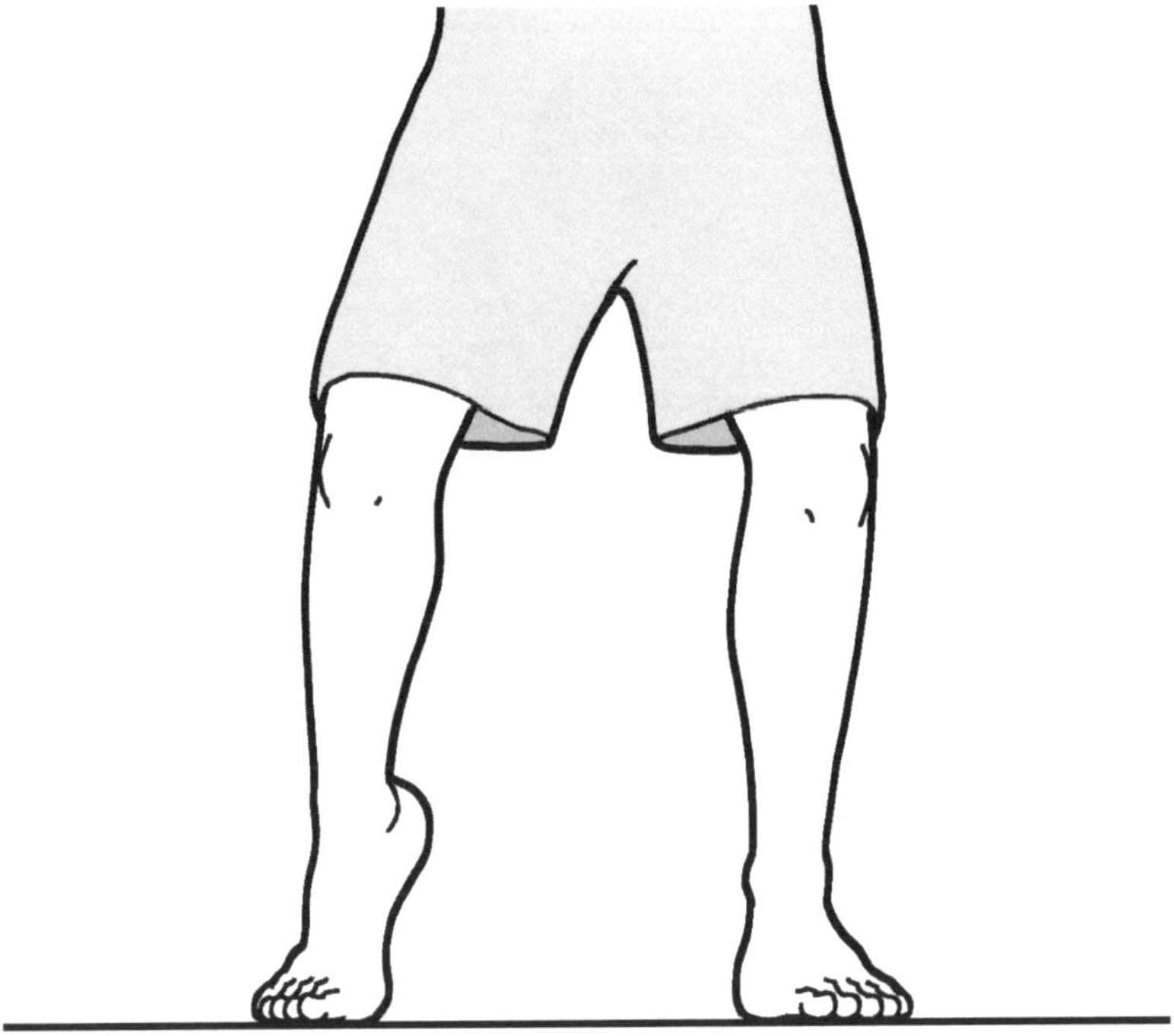

右足の内側全面を使って地面を蹴る

足のどこに重心が乗るかというと、体をどのようにセットして構えるかにかかってきます。ヒザや股関節の曲げ方や体幹の屈ませ方にも応じて人それぞれ、体重の乗る位置が違います。「足（または足の裏）のどこに乗るか」という意識を持つ場合が多いため、足の項目として説明します。

多くの場合、拇指球に体重を乗せると説明されています。しかし、重心位置を測定すると、上級者やプロがみな、拇指球に体重を乗せているわけではないことがわかっています。土踏まずの前側、土踏まずの真ん中、

■足の内側全体で押すタイプ

土踏まずに体重を乗せている人は、くるぶしを地面に押しつけるように足の内側を面にして地面に押しつけて反力を受け取るタイプが多い

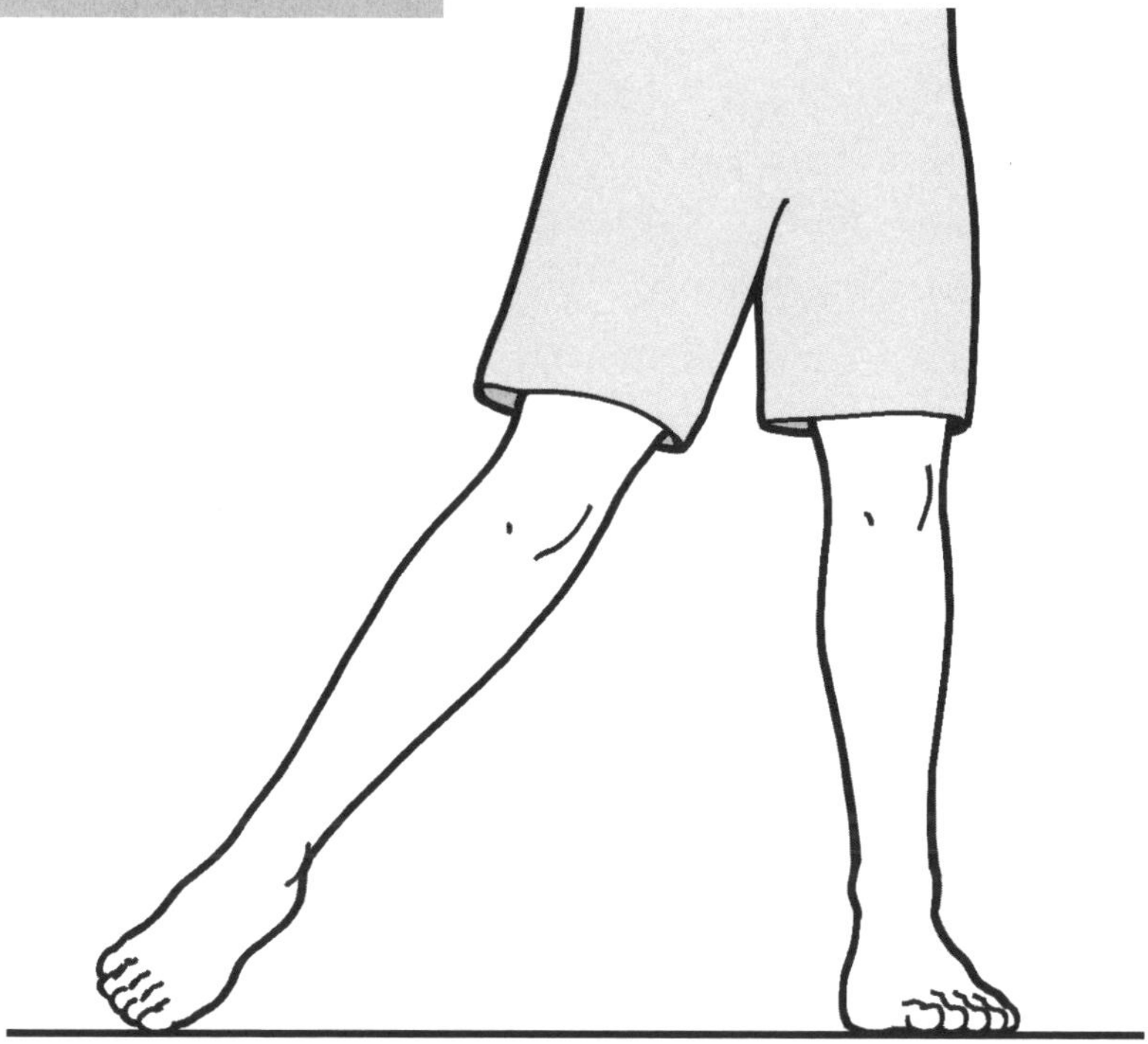

土踏まずの後ろ目、くるぶしの真下、カカトなどと意識しているプロもいます。また、P1からP10までずっと同じ位置に乗っているということはなく、動きに合わせて重心も動くが、そのパターンが千差万別であることは先に説明した通りです。

切り返しのときに右足のどこに乗っているかが実は脚と足の動きにも大きく関わっています。拇指球に乗っている人は拇指球で地面を踏み、拇指球のところで足の裏を折るようにして地面を蹴ります。

足の後ろ側に乗っている人は足の裏の内側のライン全体で踏み込む感覚を持っていることが多いようです。これをスキーの操作である「エッジング」という言葉で説明する人もいますね。この動きだと、切り返しで右ヒザや右腰が前に出なくなり、インサイドからクラブを下ろしやすくなると思います。

足首の＋《プラス》α《アルファ》

股関節の硬さに合わせてツマ先の向きを決める

アドレスでの両足のツマ先の向きには、決まりがあるわけではありません。

多いパターンは、左ツマ先は開き、右ツマ先は飛球線に対して直角にする、という形です。これは、フォロースルー側（左）へは体を回しやすくしておくためであり、バックスイング側（右）へは回りすぎを防ぎ、切り返しをしやすくするためとされています。

ツマ先を開けば、開いた方向に体を回しやすく、閉じれば体の回りすぎを防げる、ということです。そのため、股関節が硬くて体の回転が十分でない場合は、ツマ先をさらに開いて補うことができるわけです。

とくに、バックスイングが浅いため、ダウンスイングの軌道がアウトサイド・インになって困っているという人は、右ツマ先を開いて、腰の回転を補うことを考えてみてください。

蛇足ながら、右足を少し背後に引いて構える補い方もあります。

CHAPTER 10

飛距離と精度を上げる考え方

item 1 飛距離のポテンシャルを高める方法 ①

出力をさらに高めるにはハンマー投げのイメージ

全身を使って目標方向に力を向ける

飛距離を伸ばすにはどうすればいいのか。チャプター1で説明したクラブの動きを理解し、チャプター2からチャプター9で説明した体の動きを参考にしながら自分に合うスイングをつくり上げる、というのが答えです。「それは普通のスイングでは？」と思うかもしれませんが、この本で追い求めてきた理想のスイングは、再現性を高くし、正確性を高めるだけでなく、エネルギー効率もいいので、飛距離性能も高い。決して「飛距離を犠牲にして、安定感を高める」というものではないのです。

理想的なクラブの動きをつくるために、使える動きはどれでも使っていいと説明してきました。使える力はすべて使っていいのですから、最大限の飛距離を出すための近道でもあると理解しやすいのではないでしょうか。

ハンマー投げを思い描いてください。重いものを振り回すことで遠くまで飛ばすイメージが、飛ばしのときにはふさわしいと思います。全身の力を使って回転スピードを上げ、大きな遠心力をつくるイメージです。

そのイメージをそのままスイングに変換すれば、両肩と両腕の三角形をキープし、体の回転でスピードを上げます。手首自体はほとんど動いていませんが、手首の筋肉は最大限に使って、クラブが遅れないように保持しています。もちろん、全身の力も使いきるほど使います。使える力は全部使ってインパクトの力を強くする、ボールに当たるヘッドのエネルギーを最大にし、すべての力をまとめてボールにぶつけるのです。

その際、大切なポイントは、目標の方向に向かって全身の力を出す意識を持つこと。ボールに向かって力を出す意識とはちょっと違います。

普段、「曲げないスイング」、ミスを減らすスイング」を意識していると、体の力を最大限使うことがなくなりがちです。それを続けていると「最大限」のレベルが下がってきてしまいます。「速く振る」技術も身につかないか、身につけていたとしても使えなくなってしまいます。そのため、「最大限」のレベルを高めておくためにも、「速く振る技術」をさびつかせないためにも体を思い切り使う練習は、絶対的に必要なのです。

飛距離アップのためのイメージは、ハンマー投げ。重いものを体の回転を使って遠いところへ飛ばす方法を考えてみてほしい

手や腕の力を取り入れる

手の力を使ってボールを叩いてみよう

さらに、飛距離を伸ばすことについて考えてみました。今度は「ストローク数で競う」ことを度外視します。そうなると、安定性のためにセーブしていた動きを使ってみようということになります。手の動きです。通常時にもまったく使っていないわけではないのですが、それをさらに意図的に使い切ってみようという意味です。

実際、ドラコン選手たちも「手を使って叩く」と表現する人は多いですし、「飛距離アップにつながること」として前腕の筋肉を鍛えることを勧める人もいます。「手の力」は確かに、飛距離を伸ばすことにつながるのです。

手首を使うというと、手首を支点にしてクラブを扇形のように動かしてヘッドを走らせるイメージでしょうか。このような動かし方は、テコが例えられ、先端を速く動かして大きな力を持たせることはできます。

ただし、スイングの中でこの動きをしようとすると、支点が止められてしまいます。つまり、体の回転のスピードに、手首の操作でさらにクラブヘッドの動きにスピードを加えようとしているのに、土台となっている体の回転が減速してしまうのです。

しかし、体の回転が減速したとしても、インパクトの瞬間に結果としていつも以上のヘッドスピードが出ていればいいわけです。とすると、ポイントは、手首を使うタイミングです。インパクトでヘッドスピードがもっとも速くなるのはどういうタイミングなのか、試してみてください。

ヘッドだけ速くしようとするとするのではなく、すべてを速く動かすイメージを持つといいと思います。しかも、ボールに当てて終わりではなく、フィニッシュまでスイングの全体を速くするイメージも取り込んでみてください。

「手の力は使わない」とよく言われますが、スイングをするかぎり、クラブの重さを支えるために力は入ります。とくに速く振ろうとすれば、手に負荷がより大きくかかってくるわけです。それに対して「力を入れるな」とか「いつもと違う力の使い方をするな」と言われても簡単ではありません。力が入ってしまうのだとしたら、力の入れ方を考え直してみる。問題の出ない力の出し方を探してみるというような発想の転換をしてみてはいかがでしょうか。

手首を使ってクラブを振る際、ヘッドを手よりも前に出そうとすると、手が後ろ向きに押され、回転を減速させる力がかかってしまう

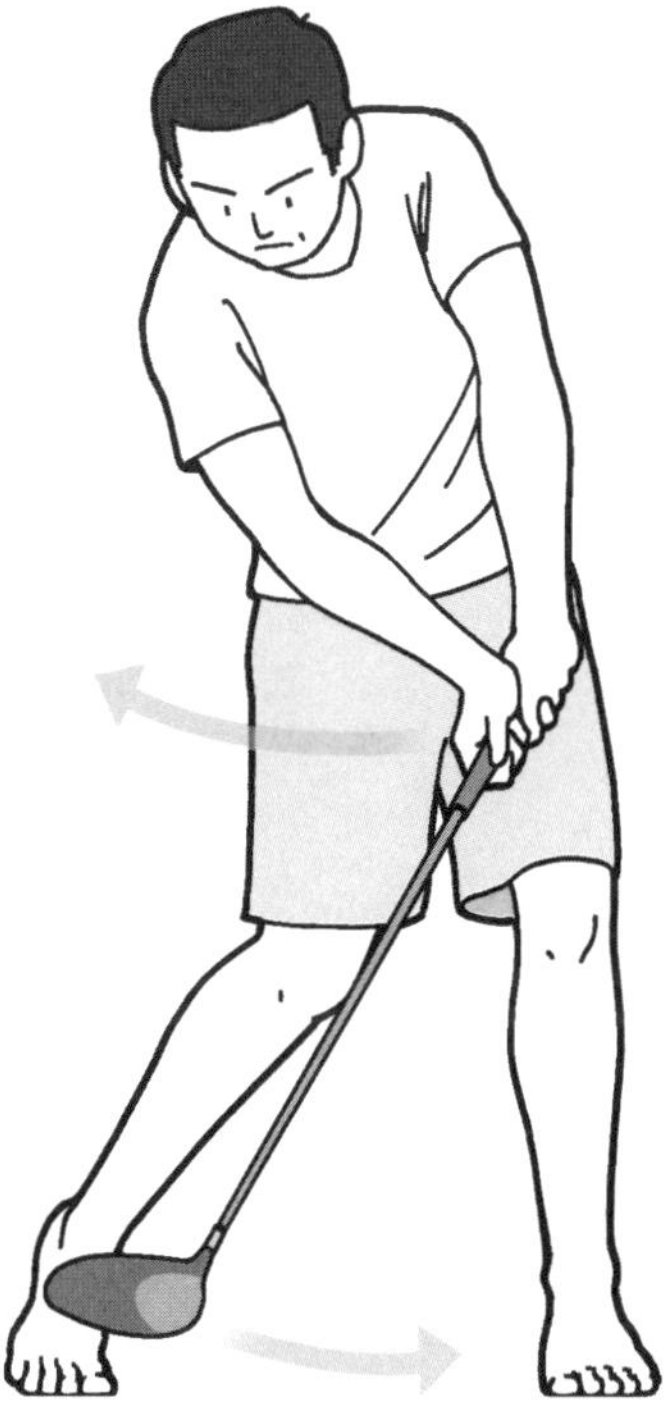

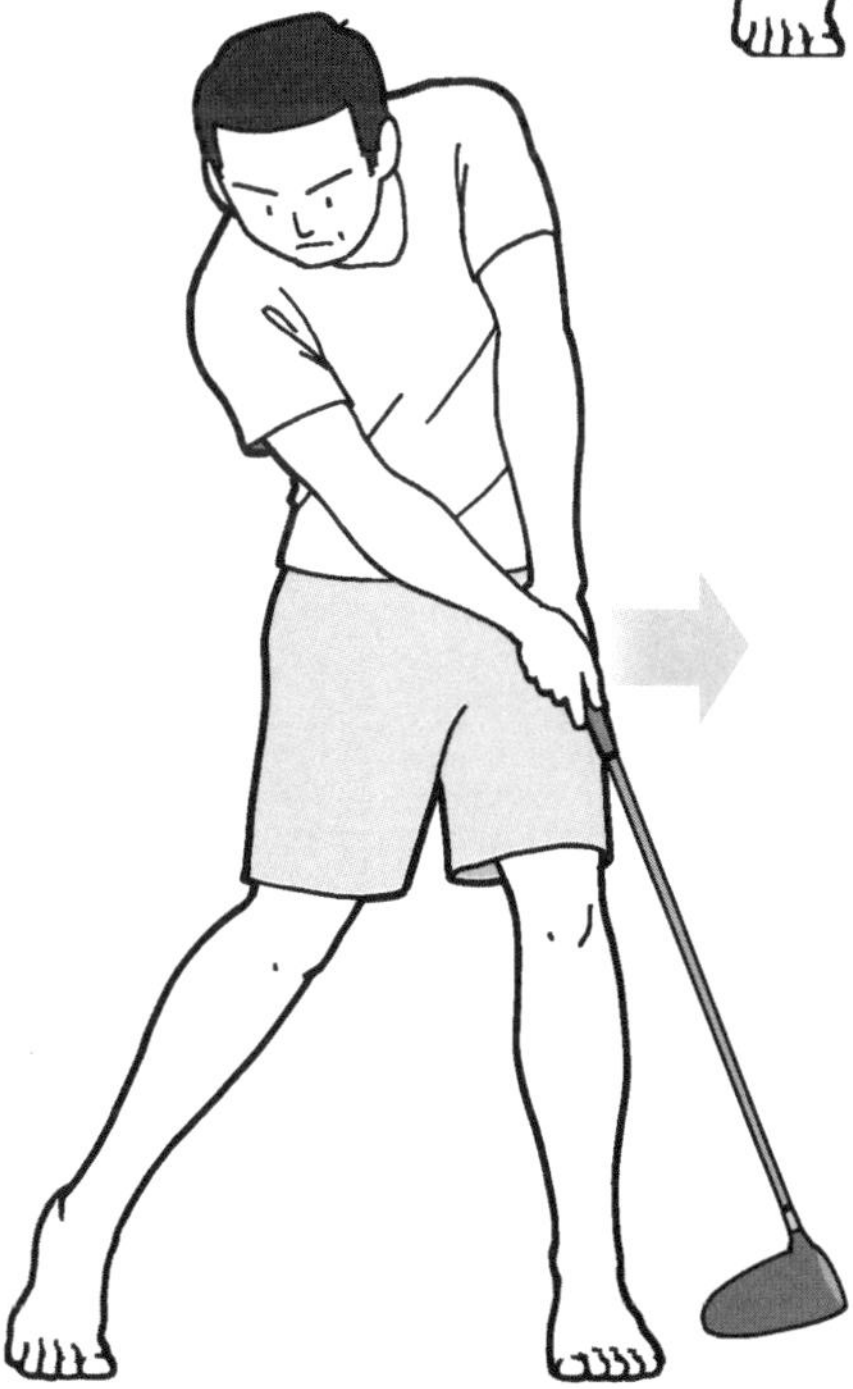

手首を使わないイメージのスイングでも飛ばせないわけではない。なぜならば、形としては動かなくても、力を出してインパクトを押すことはできるからだ

メカニズムの最適化を考えてみる

距離を出すためのインパクトを追求する

飛ばそうとすると、強く叩きたくなります。そして、ボールを叩こうとすると、トップから早くヘッドをボールにぶつけるイメージになります。そのため、トップから一直線にヘッドを下ろしてボールにぶつけようとするパターンが多いようです。

しかし、それでは飛ばないインパクトになります。上から急な角度でボールに当たるため、バックスピンがかかりすぎるからです。クラブが当たる角度（入射角）とボールが打ち出される角度がかけ離れているため、エネルギー効率が悪く、飛距離は伸びません。

飛ぶインパクトとはどういう当て方かというと、ヘッドがボールに当たるときの動きの方向を、ボールを打ち出す方向に、できるかぎり近くしたインパクトです。エネルギー効率がよくなります。

しかも、フェース面を打ち出す向きに対してできるだけ立った状態にすると、バックスピン量が減ります。

これを実行するためには、まず、入射角を鈍角にすることが必要です。そのためには、ヘッドを最短距離で下ろすのではなく、P4からP5、P6まで手を体から遠い位置をキープして円を描くように下ろす。そして、ヘッドを遠回りさせて下ろすイメージを持つこと。遠回りさせている間に体がしっかりと回り、インパクトまでクラブを引っ張り続ける態勢が整います。ヘッドは低い位置に下りてきて、インパクトへは適正な入射角で入ってきます。

手とヘッドが上がってきた道と「同じ道で戻す」と説明してきましたが、そのイメージが役に立つはずです。

さらには入射角をアッパーにするほうが飛距離は伸びるかもしれません。ボール初速に応じて、最大の飛距離を実現するための打ち出し角やバックスピン量は異なってきます。そうしたデータを確認しながらスイングを調整し、飛距離アップのために最適化していくこともできます。スイングのメカニズムを追求することで、飛距離は最大限に近づけるのです。

そしてこの「入射角と打ち出し角度を近づけるとスピンが減る」という理屈が、次で説明するボールを曲げるメカニズムにも結びついてきます。

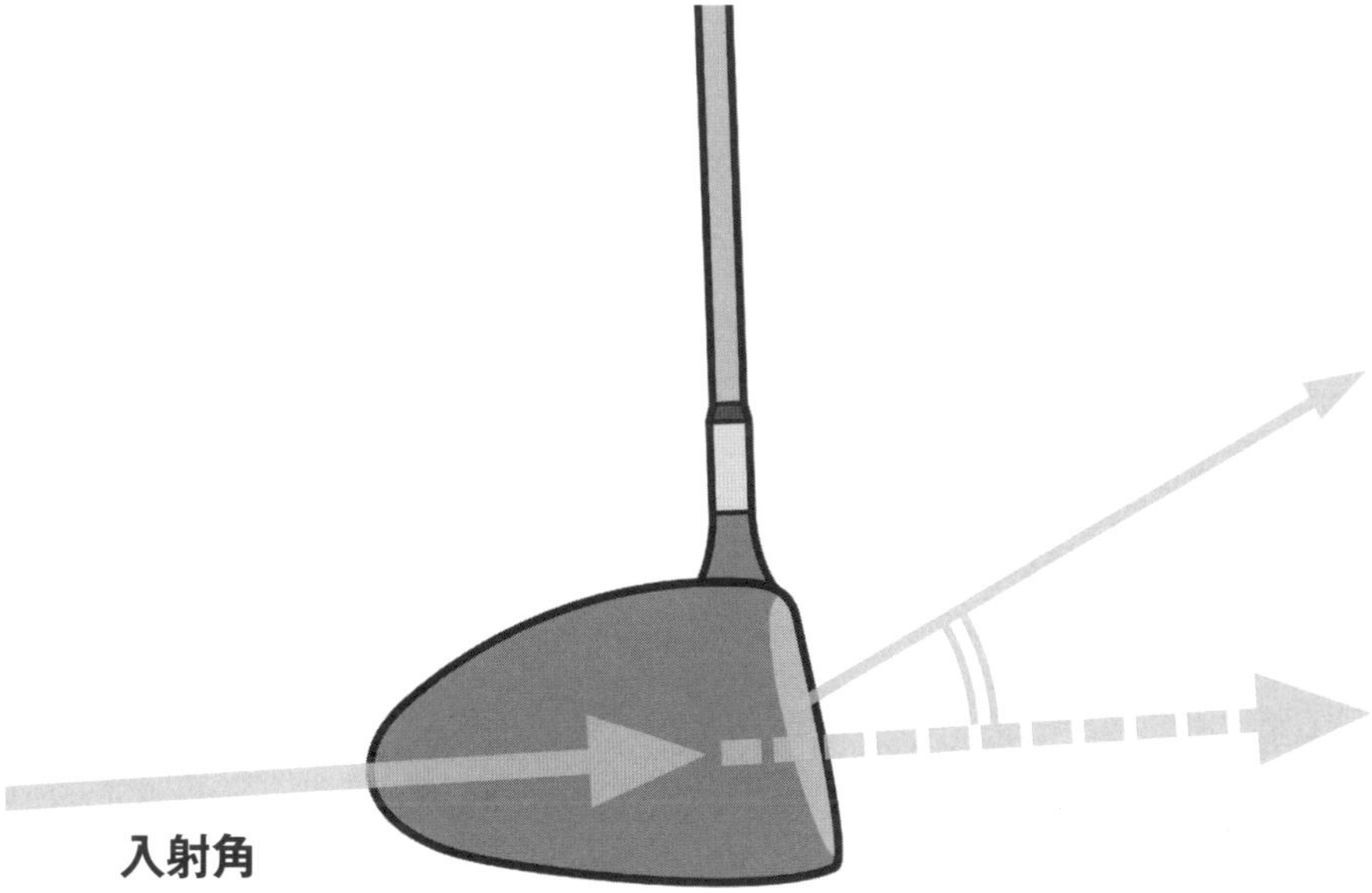

クラブがボールへ向かって動いてきた方向と、ボールが打ち出される方向のラインの角度が小さいほうが、エネルギー効率が高くなり、飛距離が出やすくなる

クラブパスとフェースの向きのズレがボールの回転軸を傾ける

サイドスピンとバックスピンは一体

打球を曲げることについては、科学的に答えが出ています。Dプレーンの理論によって「(新)飛球法則」として、シンプルなメカニズムとして説明されているとおり、弾道の打ち分けは可能なのです。ここではボールが曲がるということについて簡単に説明していきます。

従来はスイングプレーンの向きとフェースの向きの関係で打球方向と曲がり方が説明されてきましたが、スイングプレーンではなく、ボールに当たるときのクラブの動き方（クラブパス）が関係しているということです。

つまり、アウトサイド・インのスイングプレーンにも、インサイド・アウトのスイングプレーンにも、クラブがインからアウトに向かう動きもあれば、アウトからインに向かう動きもあるということ。だから、スイングプレーン自体はアウトサイド・インでもインサイド・アウトでも、ドローもフェードも両方打てるのです。

Dプレーンとは、このクラブパスのラインとフェースが向いている方向のラインがつくる平面のこと。このDプレーンに対し、ボールの回転軸は直角になります。

具体的に説明しましょう。

ドライバーでは約85％、アイアンでは約75％の割合で、インパクトのときのフェースの向きにボールは飛び出していきます。

そして、そのフェースの向きと、クラブパスのズレ（＝Dプレーンの傾き）によってボールに回転がつきます。

もし、フェースの向きがターゲットに真っすぐ、クラブパスもターゲットに真っすぐなら、Dプレーンはターゲットライン上の垂直な平面になるため、ボールの回転軸は水平で、右にも左にも曲がらないストレート弾道になります。

それに対して、クラブパスの向きよりも、フェースが右を向いているとすると、Dプレーンは右に傾くため、ボールの回転軸も右が低くなります。そうすると打球は右に曲がっていきます。

逆に、クラブパスの向きよりもフェースが左を向いていると、Dプレーンは左に傾き、ボールの回転軸としては左が低くなるため、左に曲がる打球になるのです。

これは、水平方向で考えるとボールの打ち出し方向とヨコへの曲がり方の法則になりますが、垂直方向で考えれば、ボールの打ち出し方向とタテ方向への曲がり方(フケ上がるか棒球、ドロップか。つまりバックスピン量)の関係の法則となっています。

　要は、ボールの回転については、バックスピンとサイドスピンが別々にあるわけではなく、ひとつの回転がヨコ方向とタテ方向両方に影響を与えているということの説明にもなっているのです。

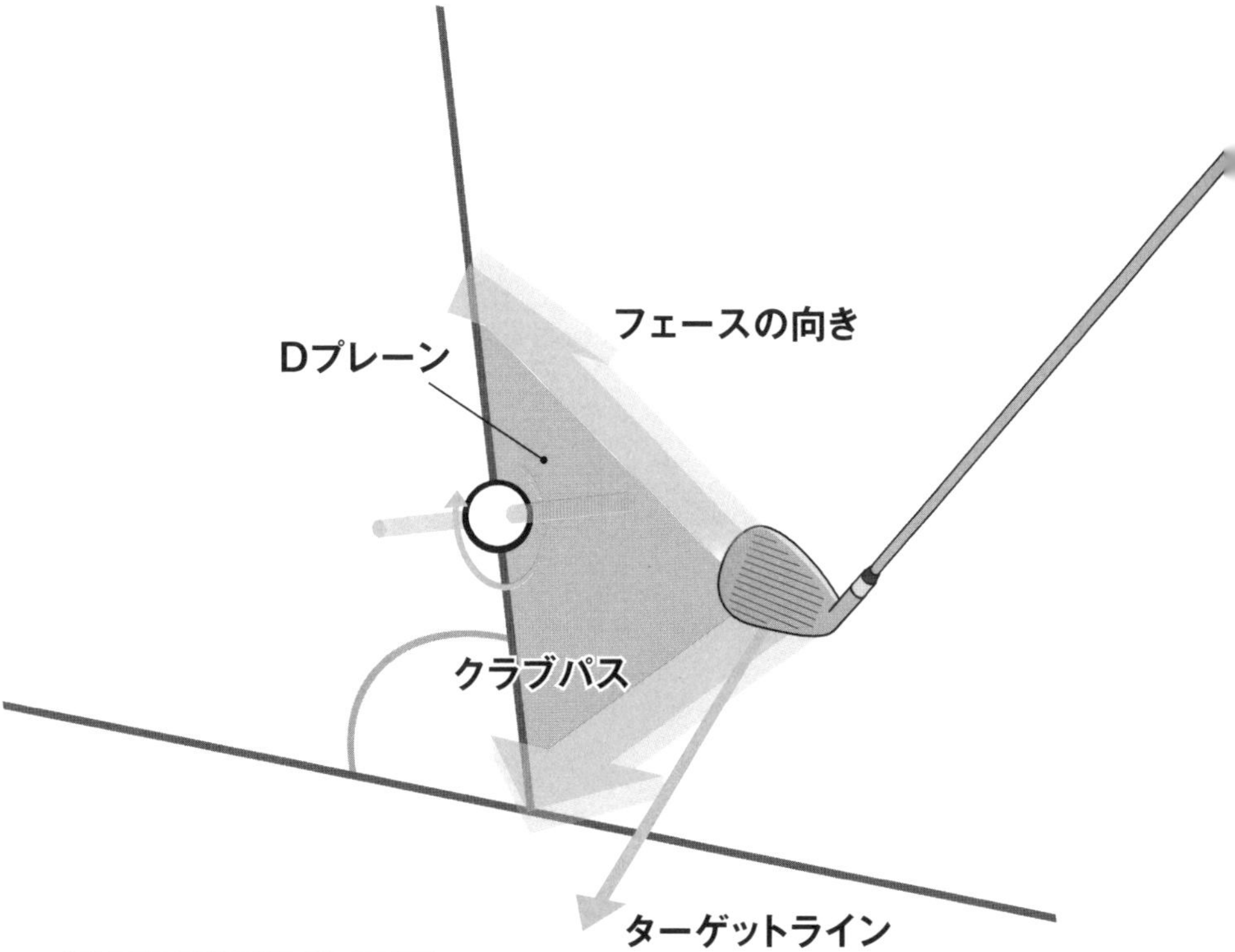

クラブパスの向きとフェースの向きのズレによって、Dプレーンに傾きが生まれる。この傾きに応じてボールが回転する。このイラストの場合、回転軸はターゲットに向かって右が低くなっているので、右に曲がる

最下点の手前にボールを置き、フェースを目標に向けるとドロー

ボールの位置で曲がり方を変える

Dプレーン理論を頭に入れたところで、「じゃあ、ドローやフェードの打ち分けはどうすればいいのか」という話を続けます。

話を簡単にするため、自分の基準的なスイングが、以下のようになっているものと仮定しておきます。インサイド・インの理想的な向きのスイングプレーンで、軌道の最下点は左足カカトの正面（スクエアなスタンス向きで構えているとして）、そして、軌道の最下点でフェースがスクエアになるように構えている、というものです。

この場合、軌道の最下点でインパクトするようにボールを置いて誤差なく振れば、理論上は目標に向かって真っすぐに打ち出され、ストレートに飛びます。

しかし、ボールを少し右に置いていたとすると、同じ構え方、同じ振り方をすれば、クラブパスは右向きになります。そしてさらに、右に置いたボールに対してフェースをスクエアにして構え、その向きに戻してきたとすると、クラブパスは右向きで、フェースの向きは目標へ真っすぐ。そうするとDプレーンは左に傾きますから、ボールは左に曲がる、ということになります。

この逆。つまり、ボールを少し左に置いておくと、同じ構え方、同じ振り方をすると、クラブパスは左向きになります。左に置いたボールに対してフェースをスクエアにし、その向きに戻して打てば、クラブパスに対してフェースの向きが右を向くため、Dプレーンは右に傾き、ボールは右に曲がる、ということになります。

軌道の向きで球の曲がりを変える

別の方法として、軌道の向きを変える方法があります。

アドレスで、上半身の右への傾きを強めれば、スイングプレーンはインサイド・アウトになります。クラブパスが目標より右向きになっている時間が長いため、ドローが打ちやすくなります。

逆に上半身を右に傾けると、スイングプレーンはアウトサイド・インになります。クラブパスが目標より左向きになっている時間が長くなるので、フェードが打ちやすくなります。

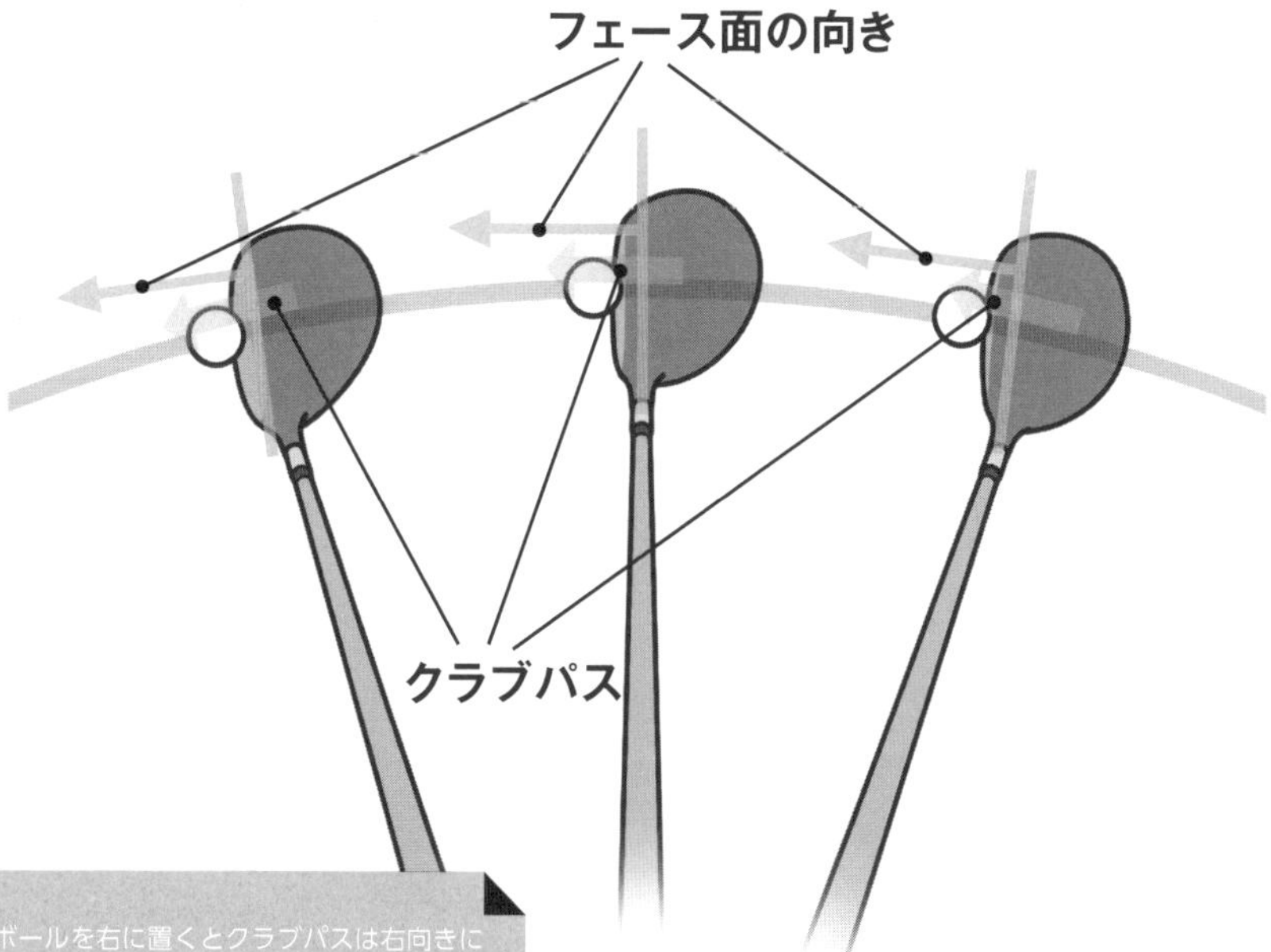

ボールを右に置くとクラブパスは右向きになる。フェースを目標に向けておけば、クラブパスに対して左向きなので、フック回転がかかる

上半身の傾きを左に傾けると、スイングプレーンはアウトサイド・インになり、クラブパスとしては左向きになる時間が長くなる。右に傾ければ逆になる

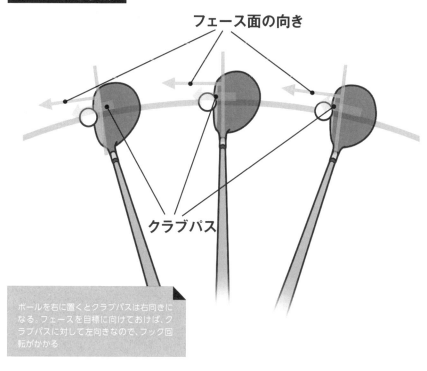

構える方向を変えてもボールを曲げられる

体とフェースの向きを変えておく

打球の曲げ方についてほかの方法も紹介しておきます。まずは、クラブパスとフェースの向きをアドレスの方向どりで変えておくこと。これは昔から言われてきた球の曲げ方に近いです。

体の向きを左に向けて、フェースを少し開いておく。フェースをターゲットに向けるほど開くと、ターゲットに向かって打ち出されてさらに曲がっていきますから、クラブパスの向きに対して開くことが大切です。そうすれば、ターゲットより少し左に出て、右に曲がっていきます。

逆も同じ。体のラインを右に向けて、フェースを閉じておけば、左に曲がるボールになります。

ボールの位置によってクラブパスは少しずつ違うわけですが、スタンスの向きを変えると、ボールの位置がズレやすいので気をつけてほしいと思います。ターゲットに対しての体の向きを変えた場合、どこにスイング軌道の最下点がくるのかを確かめ、それを基準としてボールを置くことが大切です。

インパクト後の抜き方を変える

プロに多いのは、インパクト後のクラブの抜き方を変える方法です。フェースのローテーションを抑えてヘッドを抜いていけばフェード。フェースがローテーションしようとする動きに任せて抜いていくことでドローを打つことができます。

打点のズレでも打球を曲げられる

ここまでの話は、芯でボールを打っている場合の理論です。打球の曲げ方として、また別のメカニズムを使う方法があります。芯でボールを打たないことでボールに回転を与える方法です。

芯よりトゥ側でボールを打つと、ボールに押されてフェースが開きます。ボールに押されてフェースが右回りに回転すると、ギア効果といって、ボールには左回りの回転がつきます。つまり、左に曲がる打球になるのです。

逆に、芯よりヒール側でボールを打つと、フェースが閉じる方向にヘッドが回転し、その際のギア効果によって打球に右回転がかかり、右に曲がる打球になります。

手首がクラブの動きに応じて動かされるのを許容する感覚を持っておけば、フェースのターンが促進されてドロー。手首の動きをホールドしてしまえば、フェードを打てる

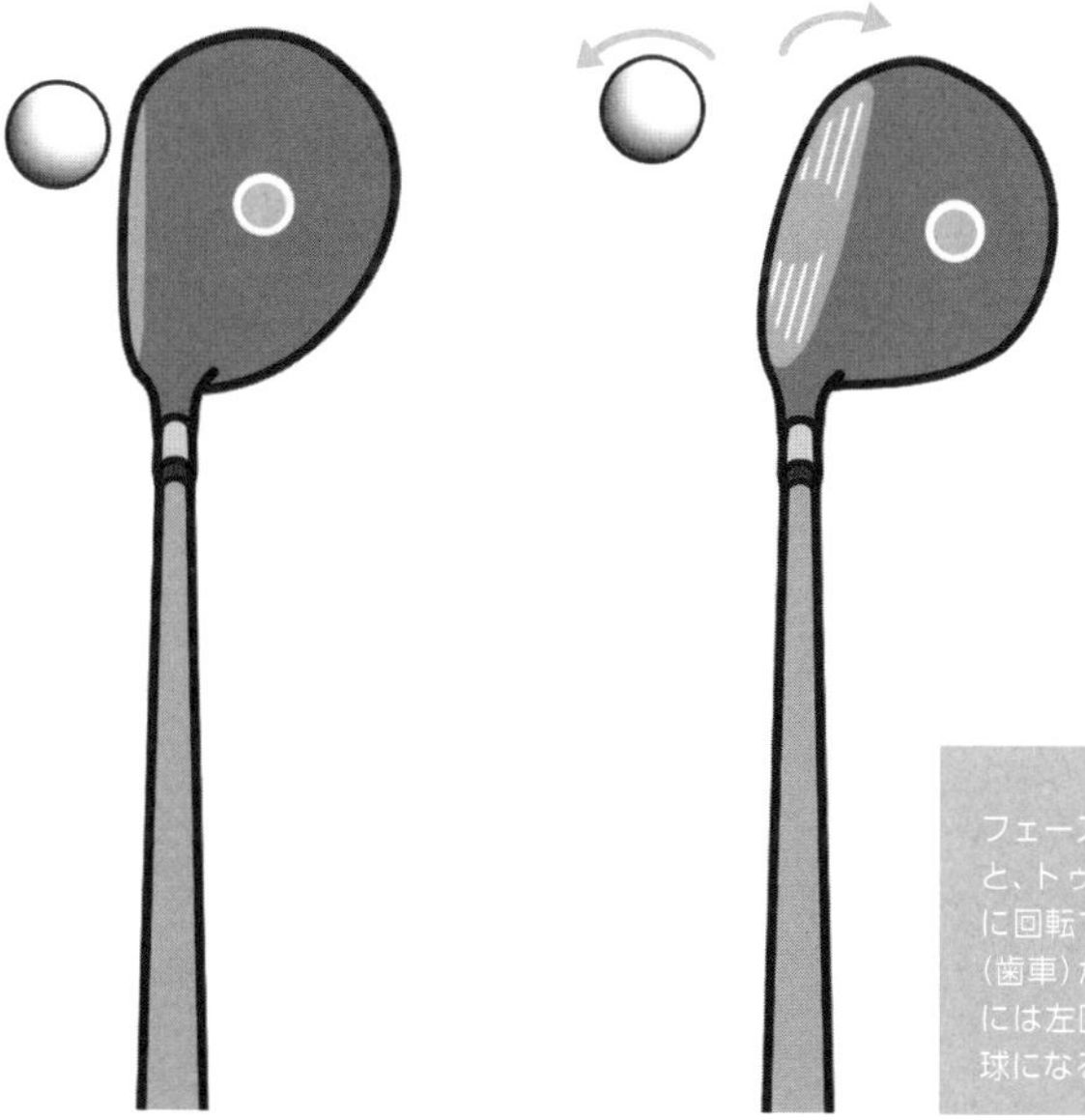

フェースのトゥ側にボールが当たると、トゥが押される。フェースが右に回転するとき、摩擦によってギア（歯車）がかみ合ったように、ボールには左回転がかかり、左に曲がる打球になる

item 7
打球の散らばりを減らすときの方法①

動きを抑えるのでなく動きが小さくなるよう準備をする

制約範囲の中でフルスイングする

まず、打球は曲がるものだということは伝えておきたいと思います。真っすぐのボールは、クラブパスとフェースの向きがどちらとも飛球線に向かって誤差がない状態が実現した場合に打ち出されますが、プロでもなかなか両者をぴったりに合わせるのは難しい。だからどちらかに曲がるボールを持ち球とし、どちらかに曲げることを前提として、理想のスイングを追い求め、精度を高めることで曲がり幅を狭めることを目指しています。

その上で、左右のブレを極力抑えるために「ライン出し」という技術があると言われますが、これは通常のスイングからかけ離れた特別な技術というわけではありません。

ブレを抑えるために、動きを「抑える」とか、ボールを（上から）抑えるようなイメージは、ミスの原因となります。不要な動きが加わったり、中途半端に動きが止まったりしやすくなるからです。

ブレを抑えるために、動きをコンパクトにするとか、ヘッドスピードを少し遅くするというアイディアは悪くないのですが、自分の意識でそれを実行しようとするのは思っているよりかなり難しい技術です。

自分でコンパクトにしよう、遅く振ろうとするのではなく、「結果的に動きが自然にコンパクトになり、スピードが遅くなるようにしておく」のが正解なのです。

スタンス幅を小さくすることが一番シンプルだと思います。スタンス幅を小さくするだけで、スイングの振り幅を小さめにイメージできます。体重移動も少なめになるはずです。体重移動はまったくしないで振るくらいのイメージでもいいかもしれません。そして目線を低くする。これも、自然とスイングを小さくしてくれます。

こうしたイメージを持つことは、つまり「飛ばない準備をしている」とも言えます。距離が出れば出るほどブレ幅は拡大します。距離を抑えれば、ブレ幅も小さく抑えられるわけです。決して特別なことをするわけではありません。

全体のスイングの動きの大きさがイメージできたら、「その制約の中で、しっかりと振り切る」ことが成功のカギとなります。飛ばない準備をしたら、その範囲におけるフルスイングをイメージしてください。

スタンスを狭めると振り幅も小さくなる。コンパクトになった振り幅の中でしっかりと体を使って振り切ることを考える

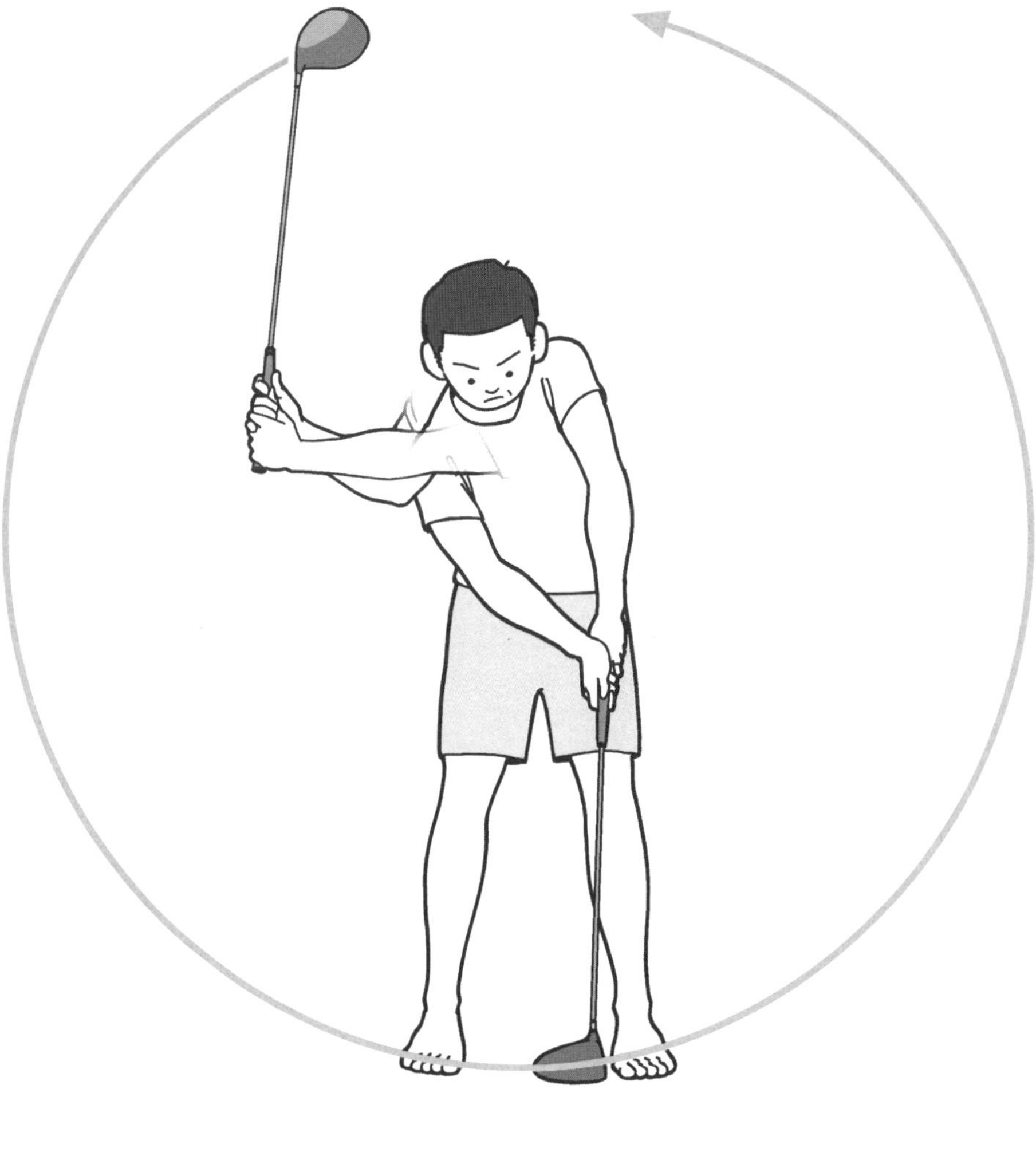

item 8
打球の散らばりを減らすときの方法②

状況別の対策や特別な打ち方は事前に練習を重ねておく

短く持つのは慣れが必要

「飛ばない準備」に含まれる要素として、クラブを短く持つことも含まれます。スタンス幅を狭め、いつもより小さい振り幅のイメージで準備していることとも違和感なく同調できる方法だと言えます。

ただ、短く持つと、クラブを軽く感じたり、ヘッドのバランスが軽くなることで結果的にシャフトのしなりを少なく感じる場合があります。シャフトが硬いと感じるかもしれません。

硬いと感じると、フェースローテーションを抑える動きを引き出しやすいというプラスの効果もあります。

また、腕とクラブを一体にしてムチのように振るイメージがなくなり、ヘッドの運動量を減らす動き方が引き出されもします。

しかし、逆にいつもと同じリズムとタイミングで振れなくなるというマイナスの効果が出る可能性もあります。

短く持つことはミスを減らし、打球結果の散らばりを減らすことにつながりますが、不慣れな状態で実行するのはお勧めできません。事前に練習を重ね、硬く感じる場合のタイミングの取り方などに慣れておくことが大切です。

アゲンストの風に対しての低い球を打つ方法にもなる

クラブを短く持つとシャフトの動きが小さくなるため、打ち出し角が低くなります。

低めの打球は、風がアゲンストのときに打ちたい打球だと思います。アゲンストに対抗するため強く低く打ち出そうとし、ボールを右に置くと、ヘッドが鋭角に上から入り、スピン量が増えてフケ上がり、逆に、風に負けてしまいます。

風に対抗しようとして力を入れるのは逆効果なのです。それよりも、ライン出しの打ち方で、クラブを短く持ち、自分では何も操作しなくても結果的に打球が低くなるようにするほうが、よい結果になります。

短く持てばヘッドスピードは落ち、打ち出しが低くキャリーも減り、飛距離は落ちます。当たり前のことですが、それに対しての心の準備をしておいてください。

クラブを短く持つことも、動きをコンパクトにするよい準備となる。だが、シャフトの反応がいつもと違って感じることは承知しておく。打球が低くなることも計算しておこう

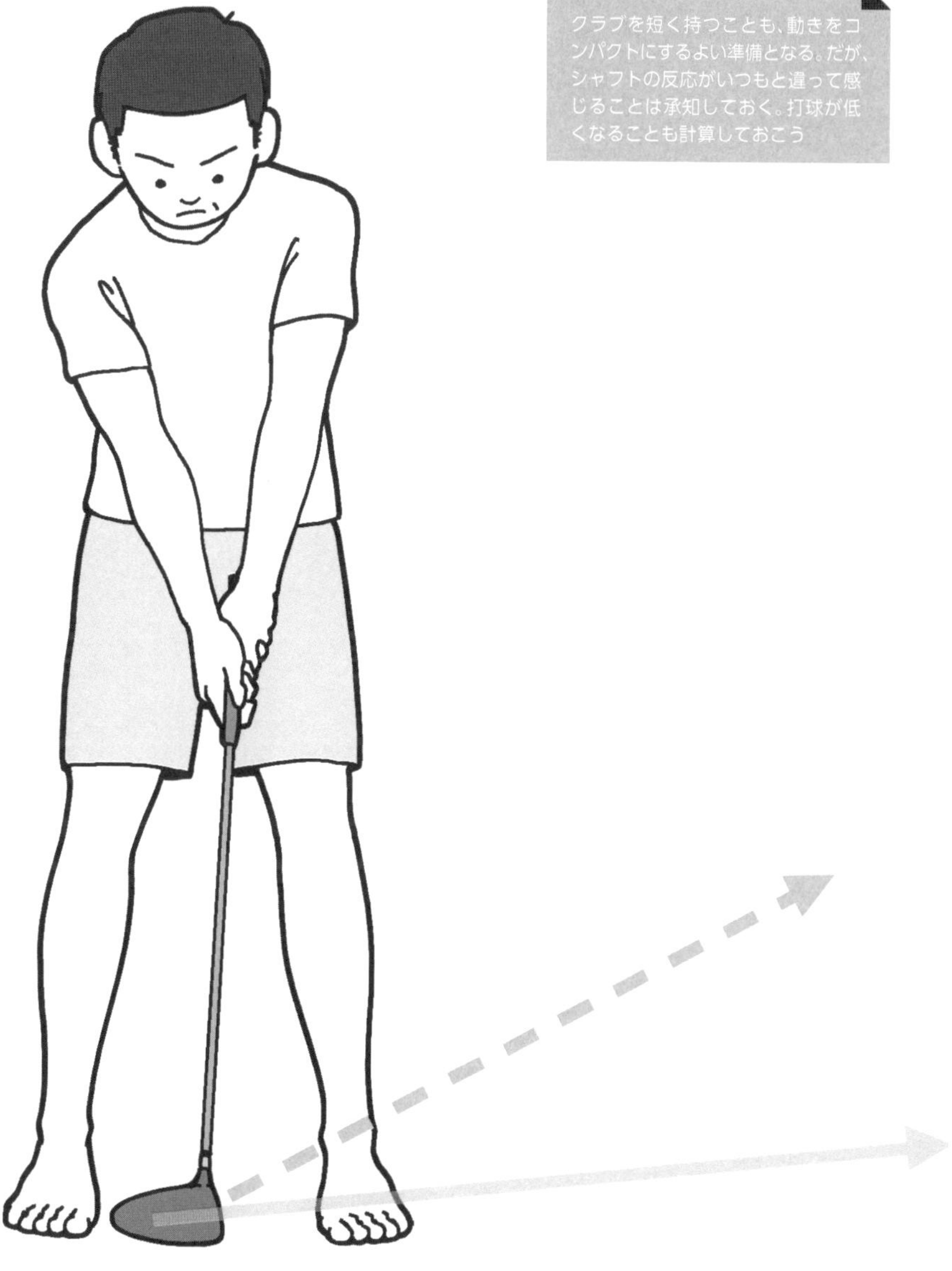

item 9

ラフの抵抗に負けずに振るときの感覚

速く振って飛ばすときとは違う力の出し方がある

両腕の三角形をがちっとキープする

ラフに沈んだボールを打ち出す際、クラブを思うように振り抜けず、ボールがほとんど飛ばないということがあります。ラフの抵抗が大きいために振り抜けなくなってしまうのです。そこで、振り抜きやすくするため、ロフトの寝た番手を使うというのがいちばん簡単で、確実で、失敗の少ない打開策になります。

だいたい、ラフには勝てません。対抗するには、腕力しかありません。

でも、できるだけ距離を出したいと考えるシーンもあると思います。パー5の2打目で、途中にハザードがなく、できるだけグリーンに近づけばいいという状況では、ラフ特有のフライヤー現象が起きて想定外の距離が出ても、それが好都合になる場合もあります。

飛距離を伸ばしたいときと同じで「スピードを上げればいい」かというと、違うのです。速く振る動きと、強く振る動きは、意識としてまったく違います。速く振るときには手首を使うのもいいと説明しましたが、強く振るためには、手首は使いません。手首を使ってヘッドのリリースが早くなるのがもっともラフの抵抗に負けてしまうパターンだからです。

両肩と両腕の三角形、または、ヒジを少し曲げて五角形にして、その形を変えずに振るのが、この場合の答えです。

ヒジを曲げたまま振り抜きます。そのほうが、振っている途中で大きな抵抗を受けても、ヒジを伸ばす動きという余力を残しておけて、対抗できるのです。

ドライバーショットでも同じようにヒジを曲げて打っているプロも実際にはいます。「速く振るより強いインパクト」という考えでスイングをつくるのもありということです。

ところで、ラフからのショットでうまく力を伝えられた場合に、フライヤーの問題は悩みどころだと思います。ラフの葉がボールとフェースのあいだにはさまることでスピンがかからなくなり、棒球になって距離が伸びてしまう現象です。どこまで飛んでしまうか予測がつきません。その影響をなるべく小さくするには、打球の方向を「前へ」ではなく、「上へ」向ける方法があります。「上へ」向けると角度の問題で、距離の増分を減らすことができます。

■ヒジを曲げたまま力を抜かずに振る

見た目は似ているが、ヒジを抜く打ち方は、ラフの抵抗を軽減するための技術。飛距離は求めていない。それに対して、飛距離を出そうとしているときは、ヒジを「張る」感覚。ヘッドの動きを支え、ラフの抵抗に対抗できる

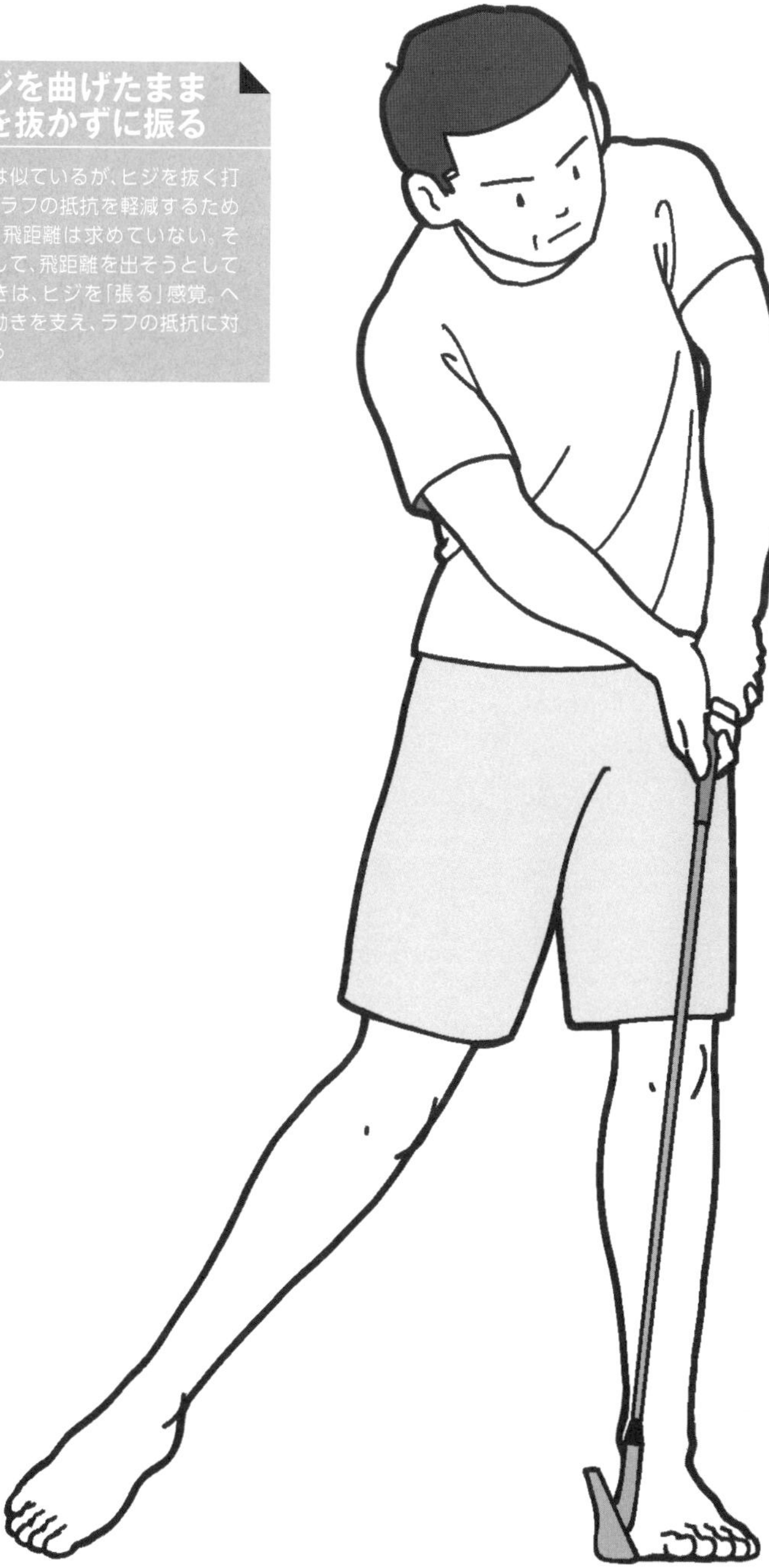

item 10

アイアンとドライバーの感覚の違い

アッパーブローかダウンブローかはボール位置の違いで勝手に起きる

アイアンもドライバーも同じ動きで打てる

アイアンはダウンブロー（上から下向きにヘッドを動かしてボールに当てる）、ティーアップして打つドライバーはアッパーブロー（下から上向きにヘッドを動かしてボールに当てる）と言われます。

でも、「アイアンもドライバーもスイングは同じ」と言う場合もあります。

違うのか、同じなのか。

答えは、「スイングとしては同じ。でも、ボールの位置によって自然にダウンブローに入ったり、アッパーブローに入ったりする」です。

ヘッドの軌道の最下点よりも右（手前）にボールを置いておけば、ヘッドは、上からボールに当たります。最下点よりも左（先）にボールを置いておけば、下からボールに当たるのです。

その際、上から当てようとか下から当てようという意識をことさら持たないで、「同じように振ったら、ボールの位置が違うのでドライバーは勝手に下から当たっていた、アイアンは勝手に上から当たっていた」というイメージでスイングづくりをするといいと思います。

スイングづくりの段階では、「上から」とか「下から」という意識を強く持つと、手先で上から打ち込んだり、下からすくい打とうとしたり、体の軸が左に倒れたり、右に倒れたりしてしまいがちだからです。

動き方は同じでも力の出し方は違う

ただし、ある程度のレベルになった段階では、地面のボールを打つアイアンとティーアップしたドライバーでは、抱く意識を変えたほうがいいとも言えます。

力を出す方向の意識です。

ティーアップしたドライバーでは、下から上に当てるような操作は必要ないけれども（つまり同じ動きをしながらでも）、下から上に向かって力を伝える意識を持つ。

地面のボールを打つアイアンでは、同じ動きをしながらでも、上から下に向かって力を伝える意識を持つ。とくに、番手ごとの打ち出し角度や打球の高さについての意識を持っておくと、すくい打ちのミスがなくせると思います。

アイアンはヘッドの軌道の最下点の手前にボールがあるから、自然に上からヘッドが当たる。ティーアップして打つ場合は、最下点の後に置けば、自然に下からヘッドが当たる

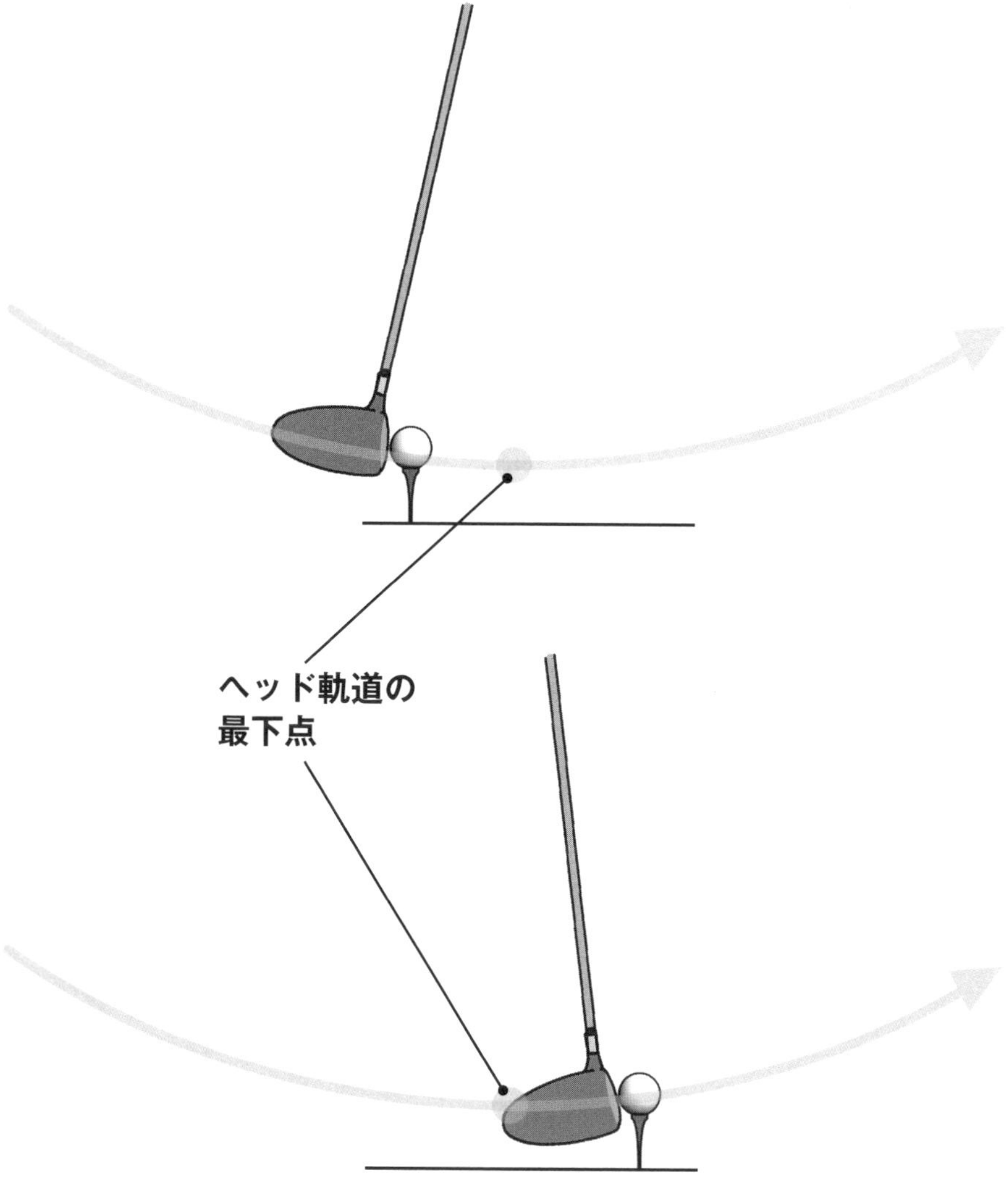

item 11

ティーアップするかしないかの注意点

最下点の手前と先とでは打球の質が変わる

アッパーかダウンかはボールの状況次第

アッパーブローかダウンブローかの違いは、ボールの手前でボールより低い位置にヘッドを入れられるかどうかで決まるわけです。

ティーアップしていればボールより下に空間があるので、ヘッドを下から入れられますが、地面にあるボールに対して、下からヘッドを入れてフェースの芯に当てるのはかなり難しい技術です。

しかし、左足上がりのライや、ラフなどでボールの手前の下側に空間がある場合は、アッパーで打つこともできるわけです。アイアンでもティーアップして打つ状況はもちろんアッパーで打つこともできます。

アッパーブローで打つ場合は、当然、打ち出し角度が変わります。そして、クラブの動く方向とボールの飛び出す方向のズレが小さくなるため、スピン量が減り、球質や飛距離が変わるので注意が必要です。多くの場合は飛距離は伸びます（ただし、手首を使ってヘッドを戻し、ロフト角を寝かせてしまうと、期待した飛距離は出なくなります）。

アッパーで打つならクラブパスは左を向く

ヘッドの軌道の最下点の手前で打つか、先で打つか、という問題は、実はクラブパスにも関係し、打球の曲がり方を決めているというメカニズムは106ページから説明しました。アッパーブローで打つ場合、クラブパスは必然的にアウトサイド・インになりやすくなるわけです。

ティーアップしたボールは、実際にはドライバーも含めて、アッパーブローでもダウンブローでも打てるわけです。

どちらかを選んだならば、単にダウンブローで打つ、アッパーブローで打つという意識だけでなく、最下点とボールの位置の違いと、それによるクラブパスの向きとフェースの向きを認識しておくことで、打ち出し方向やスピン軸についてあらかじめ計算して狙いをつけられます。

「アイアンはダウンブロー、ドライバーはアッパーブロー」と単純化すると、「じゃあ、フェアウェイウッドはどうなのか？」という質問がよくありますが、地面のボールはアイアンと同じ、ティーアップしたときはドライバーと同じと考えることになります。

パー3のティーショットなど、アイアンでティーアップして打つ場合、ダウンブローで当てるのか、アッパーブローで当てるのかで球質や距離が変わる。状況に応じて選ぶことができることを知っておこう

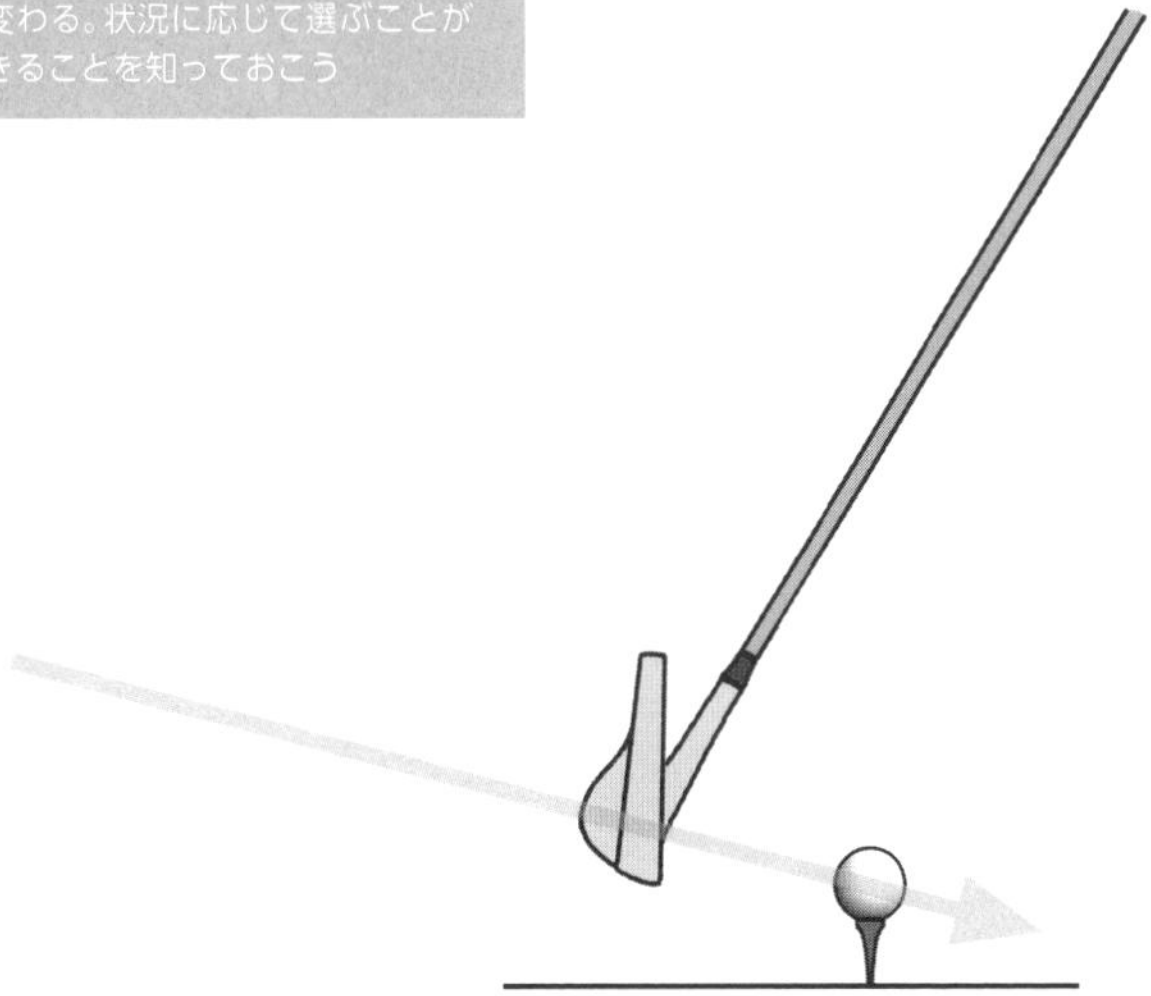

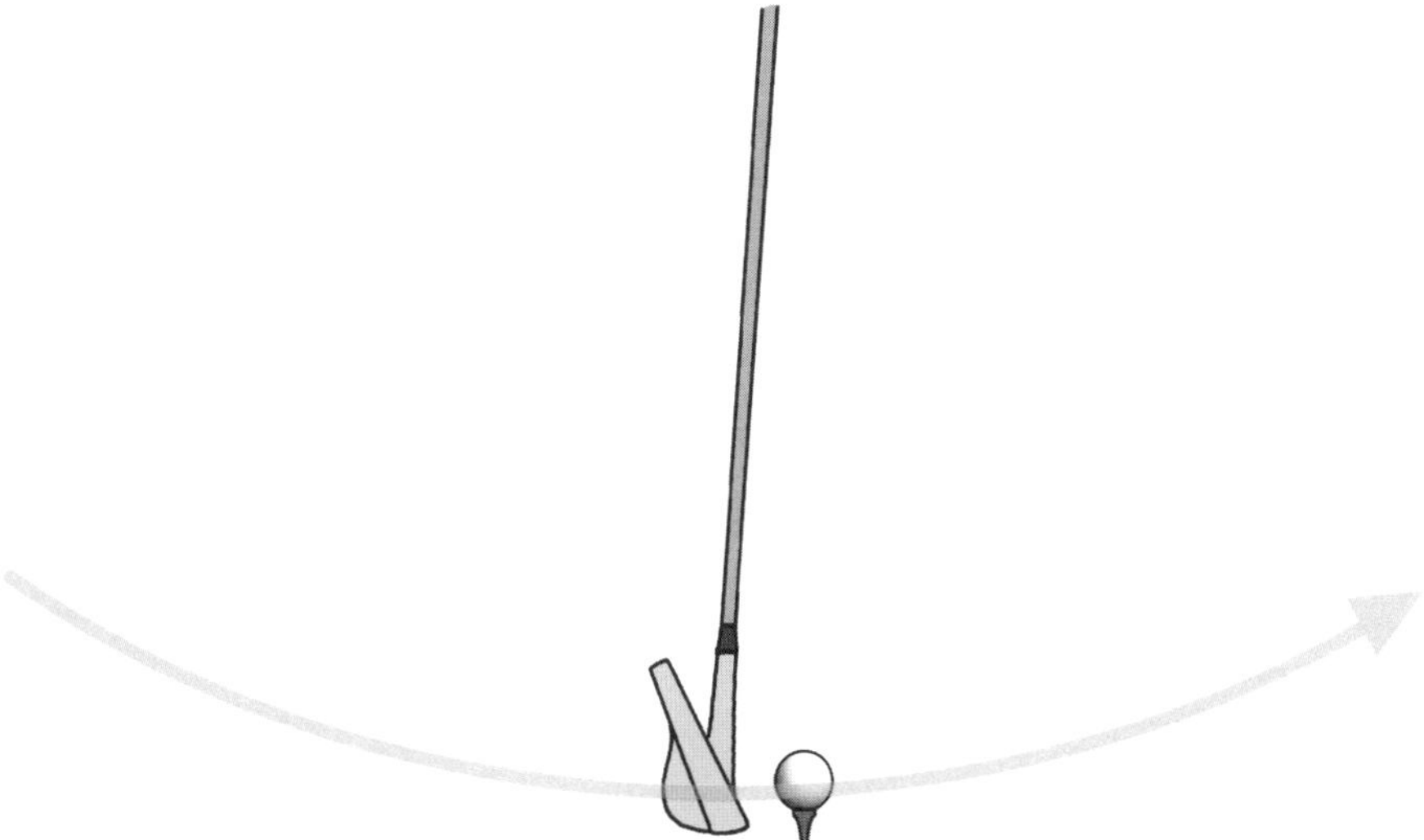

付録1 PGAツアープロの体の動きの平均データ

データ採取 2018 年

参考／ヘッドスピード 51.39m/s　飛距離 280.29 ヤード

要素	単位	P1	P2	P3	P4	P5	P6	P7	P8	P9	P10
Xファクター	度	9.10	-17.49	-42.06	-54.57	-52.67	-33.15	-17.83	0.36	13.47	39.36
左右の動き(骨盤)	インチ	0.00	-1.16	-1.87	-1.80	0.08	2.89	3.81	5.13	5.59	8.55
左右の動き(胸郭)	インチ	0.00	-1.46	-2.02	-1.75	1.26	1.22	0.47	-0.28	-0.04	-6.81
前後の動き(骨盤)	インチ	0.00	-0.55	-0.43	-0.37	0.27	0.32	0.33	0.27	0.25	-2.32
前後の動き(胸郭)	インチ	0.00	-0.39	0.51	1.53	0.65	-1.93	-2.31	-1.82	-1.31	-0.43
上下の動き(骨盤)	インチ	0.00	-0.14	-0.49	-1.19	-1.15	-0.24	0.35	0.65	0.63	0.39
上下の動き(胸郭)	インチ	0.00	-0.07	-0.34	-1.49	-1.40	0.32	0.74	0.69	0.60	2.14
回転(骨盤の向き)	度	1.45	-15.03	-33.93	-40.62	-4.28	35.80	49.68	65.31	67.58	114.21
回転(胸郭の向き)	度	10.95	-29.37	-72.88	-94.70	-61.41	4.03	35.02	74.33	90.19	166.18
回転(背骨の向き)	度	9.50	-14.34	-38.96	-54.08	-57.12	-31.76	-14.66	9.02	22.61	51.97
前後の傾き(骨盤)	度	6.43	6.65	8.00	8.31	-0.57	-2.06	-1.52	-2.39	-3.97	-10.30
前後の傾き(胸郭)	度	38.48	38.91	34.91	30.27	31.92	40.67	41.46	39.91	40.88	42.59
前後の傾き(背骨)	度	30.63	26.53	3.17	-6.90	22.55	46.95	39.31	12.32	0.20	-35.66
左右の傾き(骨盤)	度	1.31	-0.02	-3.74	-9.56	-7.11	6.57	8.24	9.30	10.19	6.59
左右の傾き(胸郭)	度	9.44	-17.59	-33.32	-29.98	-23.76	12.31	31.21	42.64	40.70	-4.09
左右の傾き(背骨)	度	8.12	-17.57	-29.58	-20.42	-16.65	5.74	22.97	33.34	30.51	-10.67
左腕アダクション	度	84.16	87.11	78.15	60.93	58.96	89.03	86.86	86.71	87.47	173.84

要素	単位	P1	P2	P3	P4	P5	P6	P7	P8	P9	P10
運動連鎖（骨盤）	度/秒	-4.60	-68.01	-83.77	195.21	439.27	394.41	338.34	103.94	91.16	12.10
運動連鎖（胸郭）	度/秒	-30.88	-173.17	-166.77	78.54	639.01	836.43	741.07	742.05	632.33	91.71
運動連鎖（腕）	度/秒	-0.02	-173.88	-255.73	68.99	860.76	862.14	404.15	699.65	667.88	766.87
運動連鎖（クラブ）	度/秒	0.00	-339.28	-417.18	30.81	862.76	2246.51	2409.69	1402.86	1243.70	120.16

関節の角度(左股関節)	度	11.82	6.55	1.20	0.24	15.06	13.09	6.25	-0.60	-2.21	-0.40
関節の角度(右股関節)	度	14.89	22.15	26.88	26.41	13.46	-8.05	-21.59	-34.74	-37.04	-35.24
関節の角度(左ヒジ)	度	5.77	8.05	14.21	17.82	14.74	24.00	15.77	7.87	2.23	124.84
関節の角度(右ヒジ)	度	5.73	17.04	63.25	96.25	97.93	55.45	31.55	8.17	3.94	69.60
関節の角度(左ヒザ)	度	18.03	16.88	21.21	35.29	41.31	29.06	21.48	13.05	11.47	11.97
関節の角度(右ヒザ)	度	20.75	22.60	23.66	28.56	31.19	28.81	20.16	10.87	11.19	20.19
関節の角度(左足首)	度	14.86	17.75	19.32	15.90	10.45	14.82	13.28	12.71	14.62	6.15
関節の角度(右足首)	度	13.97	12.82	12.67	14.95	16.30	15.48	16.98	21.29	23.50	36.71

骨盤の屈曲	度	6.38	6.89	7.09	2.75	-1.12	-6.97	-11.98	-14.58	-14.91	-9.91
胸郭の屈曲	度	37.02	33.28	10.31	-4.15	21.81	40.16	26.76	-1.60	-15.46	-45.77
骨盤の左右の傾き	度	1.17	1.78	0.91	-5.56	-7.17	9.62	14.64	17.26	17.75	6.54
胸郭の左右の傾き	度	4.36	0.64	-0.04	-2.40	10.20	16.64	17.13	21.41	24.15	25.08
体軸の左右の傾き	度(左から)	92.7	93.9	94.4	93.1	94.1	102.4	106.7	112.7	114.2	103.4
体軸の前後の傾き	度(前から)	63.3	63.3	64.6	64.7	67.3	69.6	70.5	70.5	69.5	64.7

要素	単位	P1	P2	P3	P4	P5	P6	P7	P8	P9	P10
肩のラインの左右の傾き	度	10.71	-21.93	-71.81	-119.26	-55.43	7.33	27.95	66.15	89.83	-172.50
腰のラインの左右の傾き	度	1.31	-0.02	-4.26	-12.40	-7.49	7.68	12.60	22.04	26.63	164.28
ヒザのラインの左右の傾き	度	0.39	-1.05	-3.48	-6.82	-2.51	4.55	5.51	3.09	2.53	-2.24
ツマ先のラインの左右の傾き	度	-0.1	-0.2	-0.2	-0.3	-0.3	-0.2	-0.1	0.0	-0.1	-3.2

肩のラインの向き	度	左 1.6	右 29.9	右 78.2	右 104.9	右 72.0	右 11.6	左 12.0	左 61.3	左 82.7	左 157.1
腰のラインの向き	度	左 1.3	右 15.2	右 33.4	右 40.0	右 5.8	左 36.6	左 50.4	左 66.0	左 67.9	左 114.2
ヒザのラインの向き	度	左 4.5	左 1.6	右 5.1	右 12.1	右 4.6	左 13.3	左 16.9	左 21.1	左 23.0	左 51.1
ツマ先のラインの向き	度	左 3.8	左 3.7	左 3.5	左 2.6	左 2.3	左 3.7	左 4.1	左 4.9	左 5.4	左 15.7

左ヒザの向き	度	左 7.69	右 5.08	右 10.39	右 0.08	左 15.24	左 34.27	左 43.58	左 63.04	左 65.99	左 110.74
右ヒザの向き	度	右 1.30	右 12.82	右 24.94	右 27.49	右 8.08	左 10.05	左 27.75	左 54.43	左 56.42	左 120.79
左ヒザの屈曲	度	11.58	15.21	21.58	26.57	22.30	9.52	4.48	0.64	1.34	1.44
右ヒザの屈曲	度	12.25	8.10	5.11	6.38	15.52	23.85	25.91	28.94	30.74	45.34
左ヒザの側屈	度	13.09	14.54	15.45	17.07	13.29	7.96	5.19	1.91	1.59	7.54
右ヒザの側屈	度	-13.09	-10.98	-8.88	-9.00	-13.62	-13.75	-14.49	-8.52	-8.88	0.26
左足首の向き	度	左 11.71	左 9.94	左 8.00	左 6.80	左 10.19	左 14.53	左 18.61	左 24.99	左 26.29	左 55.21
右足首の向き	度	右 2.09	右 3.20	右 6.08	右 9.52	右 7.54	右 5.69	右 7.40	右 5.43	右 2.74	左 20.89
左足首の屈曲	度	2.39	3.71	5.26	4.52	3.13	6.46	7.47	3.94	3.30	0.46
右足首の屈曲	度	-1.12	0.75	1.56	0.71	2.42	11.16	15.37	21.04	23.92	85.04
左足首の側屈	度	-1.31	-1.72	-1.05	3.60	3.24	-9.56	-12.25	-16.35	-18.94	-24.18

要素	単位	P1	P2	P3	P4	P5	P6	P7	P8	P9	P10
右足首の側屈	度	0.54	1.60	3.32	5.93	2.06	-6.00	-9.16	-11.64	-11.85	-4.08

手首のタテの角度	度	134.45	132.19	117.19	90.49	87.80	119.72	148.52	132.04	123.39	112.83

付録2 PGAツアープロのクラブの動きの平均データ

要素	単位	P1	P2	P3	P4	P5	P6	P7	P8	P9	P10
ヘッドスピード	mph	0.0	17.17	19.35	1.14	29.31	95.25	113.81	73.45	66.57	4.40
グリップスピード	mph	0.0	5.42	6.79	1.54	17.73	21.28	19.85	21.40	21.11	1.52
ロフト角	度	10.0	24.3	15.0	47.8	44.3	4.5	10.0	10.8	29.0	19.7
クラブパス		0.0	---	17.45o/i	49.12i/o	163.19o/i	86.67i/o	3.54i/o	72.02o/i	110.59o/i	7.53i/o

おわりに

いかがだったでしょうか。

ツアープロから、プロを目指すジュニア、そして一般のゴルファーの方々のスイングのレベルアップや結果の安定のために、私たちが送っているアドバイスの元となっているスイングのメカニズムは、伝わりましたでしょうか。

プロたちは実際に、自分のスイングについてのデータを採取し、自分が考える理想の動きとの誤差を把握し、修正を試み続けています。

実際に自分の動きを変えるのは本当に難しい取り組みと言えますが、地道に続けています。

目指すスイングの動きがどのようなものか、明確なイメージとして頭に描いていても、そうなのです。

さいわい、現代では、いくらでもトッププロたちのスイング動画を見ることができます。でも、動画を見るだけではわからない内部での実際の動きもあります。本書ではそれらを説明することで、目指すスイングの動きについての頭の中での理解を

深めていただくことを意図しました。そうした理解によって、実際に自分でそのような動きができるようになっていただくための説明をしてみました。

プロたちのスイング動画などを題材に、さまざまな視点からさまざまな人たちが加えている分析や、「○○理論」といったものも動画や文字で参考にすることもできると思います。しかし、誰かの解釈に頼るよりも、客観的で確かなデータを知識として取り入れ、それを元にご自分のスイングづくりに取り組んでいただくほうが、結局は回り道がなく、コースで使えるスイングのベースが身につくと思います。

本書の読者の皆さんが、自分の「理論」を見つけて、自信を持ってコースでのプレーに臨めるようになることを願っています。

最後まで読んでくださり、ありがとうございました。

ノビテックゴルフゴルフスタジオ　奥嶋誠昭・大原健陽

《著者紹介》

奥嶋誠昭（おくしま・ともあき）

1980年生まれ。ツアープロコーチ。アマチュアゴルファーからツアープロまで最先端機器を使ったバイオメカニクス(動作のコツを解析する)をもとに、ゴルファーの要望に合ったスイングづくりに定評がある。JGTOツアープレーヤー。2020—2021年国内女子ツアー賞金王、東京五輪銀メダリストの稲見萌寧など、数多くのトッププロ選手の指導実績を持つ。

協力／**大原健陽**（おおはら・けんよう）

1996年生まれ。10歳でゴルフを始める。東北福祉大卒業後、ヒルトップ横浜クラブ内にあるノビテックゴルフスタジオで奥嶋誠昭コーチの右腕として活動している。

●編集協力：長沢 潤　●イラスト：丸口洋平
●カバー、本文デザイン、DTP：クリエイティブ・SANO・ジャパン
●撮影：天野憲仁（日本文芸社）
●制作協力：ノビテックゴルフクラブ、ヒルトップ横浜クラブ

ゴルフ　当《あ》たる！ 飛《と》ばせる！

スイング解《かい》剖《ぼう》図《ず》鑑《かん》

2023年1月10日　第1刷発行

著　者　奥嶋誠昭《おくしまともあき》
発行者　吉田芳史
印刷所　株式会社光邦
製本所　株式会社光邦
発行所　株式会社日本文芸社
〒100-0003　東京都千代田区一ツ橋1-1-1 パレスサイドビル8F
電話 03-5224-6460(代表)

Printed in Japan 112221221-112221221 Ⓝ 01(210102)
ISBN 978-4-537-22040-7
URL https:// www.nihonbungeisha.co.jp/

編集担当・三浦